D1877686

मनोज कुमार पांडेय

7 अक्टूबर, 1977 को इलाहाबाद के एक गाँव सिसवाँ में जन्म। इलाहाबाद विश्वविद्यालय से हिन्दी साहित्य में परास्नातक। लम्बे समय तक लखनऊ और वर्धा में रहने के बाद आजकल फिर से इलाहाबाद में।

कहानियों की तीन किताबें *शहतूत*, *पानी* और *खजाना* प्रकाशित। कई किताबों का संपादन। देश की अनेक नाट्य संस्थाओं द्वारा कई कहानियों का मंचन। कई कहानियों पर फिल्में भी। अनेक कहानियों का उर्दू, पंजाबी, मराठी, उड़िया, गुजराती, मलयालम तथा अंग्रेजी आदि भाषाओं में अनुवाद। कहानियों के अतिरिक्त कविता और आलोचना में भी रचनात्मक रूप से सक्रिय।

कहानियों के लिए *वनमाली युवा कथा सम्मान* (2019), *राम आडवाणी पुरस्कार* (2018), *रवींद्र कालिया स्मृति कथा सम्मान* (2017), *स्पंदन कृति सम्मान* (2015), *भारतीय भाषा परिषद का युवा पुरस्कार* (2015), *मीरा स्मृति पुरस्कार* (2011), *विजय वर्मा स्मृति सम्मान* (2010), *प्रबोध मजुमदार स्मृति सम्मान* (2006)।

ई-मेल : chanduksaath@gmail.com,
mkphindi@gmail.com

बदलता हुआ देश

स्वर्णदेश की लोककथाएँ

मनोज कुमार पांडेय

राजकमल पेपरबैक्स

राजकमल पेपरबैक्स में
पहला संस्करण : 2020

राजकमल पेपरबैक्स : उत्कृष्ट साहित्य के जनसुलभ संस्करण

राजकमल प्रकाशन प्रा. लि.
1-बी, नेताजी सुभाष मार्ग, दरियागंज
नई दिल्ली-110 002
द्वारा प्रकाशित

शाखाएँ : अशोक राजपथ, साइंस कॉलेज के सामने, पटना-800 006
पहली मंजिल, दरबारी बिल्डिंग, महात्मा गांधी मार्ग, इलाहाबाद-211 001
36 ए, शेक्सपियर सरणी, कोलकाता-700 017
वेबसाइट : www.rajkamalprakashan.com
ई-मेल : info@rajkamalprakashan.com

यश प्रिंटोग्राफिक्स
नोएडा-201 301 (उत्तर प्रदेश)
द्वारा मुद्रित

मूल्य : ₹ 150

BADALATA HUA DESH
Stories by Manoj Kumar Pandey

ISBN : 978-93-89577-76-1

प्रो. रूपरेखा वर्मा के लिए प्रेम और आदर के साथ

साथ में *साझी दुनिया* के दोस्तों—जूली खन्ना, पारुल सक्सेना, प्रियंका शुक्ल, रश्मि काला, तसनीम फ़ातिमा, अभिषेक शुक्ल, अंकिता मिश्र, उज़्मा ज़की, नीलम सिंह, कहकशाँ परवीन, निशा सिंह, शालिनी वर्मा, शावेज़ वारिस, अलका पांडेय, सीमा बानो और अनिरुद्ध यशपाल—के लिए भी, जिन्होंने मुझे सँजोया और स्नेह दिया।

क्रम

प्रस्तावना *9*

स्वर्णदेश के बारे में एक निबन्ध 13
सारे निजी काम बाएँ हाथ से करें 21
सोने की गाय में बदलता एक देश 32
कपड़े बदल-बदल कर देश का विकास 44
बेरोजगारी समाप्त करने के रामबाण उपाय 57
किसान आत्महत्या आयोग का पत्र 71
पापियों के उद्धार की अनोखी योजना 83
बिना 'काम' के जीवन 89
मरे हुए व्यक्ति के साथ भूल-सुधार 95
सुनहरे दिनों की यात्रा में आपका स्वागत है 108
कवियों की निरंकुशता से परेशान एक राजा 119
पीछे चलो, भविष्य कहीं नहीं है 132

प्रस्तावना

इधर कुछ वर्षों से हमारे देश को एक भिन्न देश बनाने की परियोजना पर सत्तातंत्र सक्रिय है। इस मुहिम में उसके औजार हैं—दमन, तानाशाही, फासिज्म, चुनिन्दा उद्योगपतियों का हितसाधन, विविधता की संस्कृति का विनाश, लोकतंत्र पर आघात, नफरत, दहशत और हिंसा के वातावरण का निर्माण। जाहिर है कि समय नई और भयंकर वास्तविकताओं के मुहाने पर है। निश्चय ही इस यथार्थ को आख्यान में रच सकना एक जरूरी रचनात्मक जिम्मेदारी है मगर साथ ही वह बहुत मुश्किल भी है। इस राह में सृजन और कला के फिसल जाने की इतनी आशंकाएँ, अड़चनें हैं कि लेखक का इरादा क्षीण पड़ सकता है किन्तु सुखद है, महत्त्वपूर्ण कहानीकार मनोज कुमार पांडेय ने इसे अद्भुत लेखकीय प्रतिबद्धता तथा ऊर्जा के साथ सम्भव किया है *बदलता हुआ देश* (स्वर्णदेश की लोककथाएँ) की बारह कहानियों में। ये बारह कहानियाँ जैसे बारह दरवाजे हैं जिनसे प्रवेश करने पर दीखता है मौजूदा हुकूमत की जनविरोधी कारगुजारियों का सत्य।

अपनी इन कहानियों के जरिये मनोज स्वयं को सामाजिक राजनीतिक रूप से चेतस रचनाकार के रूप में सिद्ध करते हैं और यह दृष्टान्त प्रस्तुत करते हैं कि प्रतिबद्धता लेखक की

शक्ति होती है; वह कला को धूमिल नहीं करती बल्कि उसे चमकाती है। *बदलता हुआ देश* (स्वर्ण देश की लोककथाएँ) की कहानियों में मनोज इन दिनों की सत्ता के सितम और अहंमन्यताओं का उद्घाटन एवं प्रत्याख्यान करने की प्रक्रिया में आख्यान का बहुस्तरीय स्वरूप रचते हैं। वह संकेतों, रूपकों, प्रतीकों से ऐसी व्यंजनात्मकता को हासिल कर सके हैं कि उनकी ये कहानियाँ समसामयिकता के रेशों से निर्मित होने के बावजूद यादगार बन जाती हैं। कह सकते हैं, यहाँ कला और किस्सागोई की महिमा से तात्कालिक वास्तविकताएँ गहन संवेदनाओं में रूपांतरित हो जाती हैं।

मनोज कुमार पांडेय की इस किताब की कहानियाँ एक लेखक के शक्ति-संरचना से टकराने के साहस की परम्परा को समृद्ध करती हैं; साथ ही वे इसकी भी साक्ष्य हैं कि मनोज ने अपनी कथा के लिए उपयुक्त शिल्प की तलाश में कहानी की लीक तोड़ने-छोड़ने का जोखिम उठाया है। वह आधुनिक आख्यान और लोककथाओं के सहमेल से इन कहानियों का मुहावरा तैयार करते हैं।

उम्मीद की जानी चाहिए, मनोज की ये कहानियाँ साहित्य के विवेकवान हस्तक्षेप और सार्थक किस्सागोई, दोनों के लिए पढ़ी जाएँगी।

—अखिलेश

इस संग्रह में संकलित कहानियाँ *पहल*, *हंस*, *बनास जन*, *इन्द्रप्रस्थ भारती*, *सबद*, *सौतुक*, *कथादेश*, *जानकीपुल*, *स्वाधीनता*, *प्रयाग पथ*, *पहली बार*, *रचना समय*, *नया ज्ञानोदय* और *कथन* आदि पत्रिकाओं और ब्लॉगों पर प्रकाशित हुईं। इनके सम्पादकों के प्रति हार्दिक आभार!

स्वर्णदेश के बारे में एक निबन्ध

विकट वर्तमान में ही कहीं दुनिया के किसी दूसरे कोने में 'स्वर्णदेश' नाम का एक देश हुआ करता था। वह देश सभी तरह की प्राकृतिक सम्पदाओं से भरपूर था। उस देश के पहाड़ अत्यन्त ही विशालकाय और घने जंगलों से परिपूर्ण थे। उन जंगलों में तरह-तरह के जीव-जन्तुओं के अतिरिक्त कुछ मनुष्य जैसे दिखनेवाले प्राणी भी रहा करते थे जिन्हें वनवासी या वनमानुष कहा जाता था। 'स्वर्णदेश' के महान पर्वतों से महान नदियाँ निकलती थीं जो वर्षपर्यंत कल-कल, कल-कल करती रहती थीं।

उस देश के निवासी कल-कल करते उस पानी से बिजली बनाया करते थे। वह बिजली कल-कारखानों को चलाने के काम तो आती ही थी, वह राजा के महलों, उसके सामन्तों तथा राजकीय अधिकारियों के अतिरिक्त विभिन्न तरह के धन्नासेठों के घरों को भी रौशन किया करती थी। बदले में वे कल-कारखाने और महल नदियों को तरह-तरह के रसायन भेंट करते थे, जिससे कि नदियों का वह कल-कल करता पानी और उपयोगी होता जाता था।

स्वर्णदेश की जमीनें सोना उगलती थीं। अब चूँकि वहाँ के लोग परिश्रमी थे, खेतों में हमेशा हरियाली छाई रहती थी। किसान सपरिवार खेतों में जुटे रहते थे। जिनके पास खेत नहीं थे, वे मिलों, कल-कारखानों तथा विभिन्न बहुमूल्य खनिजों की खदानों में काम किया करते थे। श्रम

विभाग के अनुसार, स्वर्णदेश में काम सिर्फ उनके पास नहीं था जो काहिल, निकम्मे और कामचोर थे। तमाम लोग ऐसे थे जो स्वेच्छा से राजपरिवारों की सेवा में लगे रहते थे।

उन राजपरिवारों में राजा और भूतपूर्व राजाओं के परिवार, बड़े-बड़े सामन्त, भिन्न-भिन्न विभाग के मंत्री, राज्य के धन्नासेठ, सभी धर्मगुरुओं के अतिरिक्त तमाम स्थानीय समितियों, उपसमितियों के प्रमुखों के परिवार और उनके निकट सम्बन्धी भी राजपरिवार का ही हिस्सा माने जाते थे। कुछ विदेशी लोग भी राजपरिवार में शामिल माने जाते थे जो उस देश के विकास के लिए वहाँ पर अपनी पूँजी लगाने आते थे। चूँकि राज-कर्मचारी राजा की सत्ता के प्रतिनिधि थे, इसलिए वे भी राजपरिवार का ही हिस्सा थे।

राजपरिवार की विशालता का अन्दाजा इस बात से भी लगाया जा सकता है कि स्वर्णदेश के करोड़ों लोग उन्हीं राजपरिवारों की सेवा के दम पर अपना जीवन-यापन कर रहे थे। वे यह काम न सिर्फ खुशी-खुशी करते थे बल्कि इस बात पर गर्व भी महसूस करते थे। स्वर्णदेश का साहित्य इस तरह की गर्वीली कहानियों से भरा हुआ था। उन कहानियों में बताया गया था कि बुरे से बुरे मालिक की सेवा करते हुए अपना सब कुछ न्यौछावर कर देना ही सच्चा धर्म है और इस तरह स्वर्णदेश के लोग अपनी परम्पराओं और धर्म-कर्म में टूटकर विश्वास रखते थे।

वे इतने धार्मिक थे कि उनके देवी-देवताओं में कई तरह के जानवरों और पेड़-पौधों के अतिरिक्त चुड़ैलों और जिन्नों को भी स्थान प्राप्त था। अपने धर्मगुरुओं पर उनकी आस्था इतनी अटूट थी कि अगर वे उनकी हत्या भी कर डालें तो इसे वे अपना मतिभ्रम ही मानते थे। इस सन्दर्भ में किसी भी तरह का पुख्ता से पुख्ता प्रमाण उनकी आस्था को टस से मस करने में असमर्थ था। इस तरह से उस देश में सब कुछ धर्म के ही हिसाब से चल रहा था और धर्म क्या है, इसका निर्धारण राजा और तमाम धर्माध्यक्ष मिलकर तय करते थे। धर्मग्रंथों और धर्माध्यक्ष में किसी भी तरह के मतभेद की स्थिति में धर्माध्यक्ष का कथन ही परम प्रमाण माना जाता था।

स्वर्णदेश के धार्मिक होने का एक प्रमाण यह भी था कि उस देश के भिखारी और साधु कभी भूखे नहीं रहते थे। प्रजा भले ही भूखी रह जाए। स्वर्णदेश के लोग अपने देश से बहुत प्रेम करते थे। वे अपने देश के लिए ही भूखे-नंगे रहते थे। देश की सीमाओं के लिए वे हँसते-हँसते शहीद हो जाते थे। वे राजा से डरते थे पर उससे प्रेम भी करते थे। वे राजा की पूजा भी करते थे क्योंकि उनके धर्मग्रंथों में लिखा हुआ था कि राजा ईश्वर के समान होता है। वे राजपरिवार के अन्य सदस्यों की भी पूजा किया करते थे क्योंकि उनकी कृपा के बिना राजा की कृपा सम्भव नहीं थी।

इस तरह से स्वर्णदेश का ताना-बाना धर्माचार्यों द्वारा बहुत ही कसा और नियंत्रित था। धर्म और परम्पराओं के विरुद्ध जानेवाले व्यक्तियों को दास बना लिया जाता था और वे आजीवन राजपरिवारों और धर्माचार्यों की सेवा करते हुए अपने पापों का प्रायश्चित्त किया करते थे। इसी तरह सामाजिक ताने-बाने के विरुद्ध जानेवाली महिलाएँ सम्पूर्ण राजपरिवार की सम्पत्ति मानी जाती थीं। कोई भी राजपुरुष उनका उपयोग और उपभोग कर सकता था। ऐसी महिलाओं को किसी भी राजपुरुष के साथ सम्बन्ध बनाने के लिए हमेशा तैयार रहना पड़ता था। यह बात उनके नैतिक कर्तव्यों में शामिल थी।

अन्य घरेलू महिलाएँ घर से बाहर नहीं निकलती थीं। उन्हें बाहर घूमनेवाले उन जीव-जन्तुओं से खतरा रहता था जो राक्षस कहे जाते थे, यानी जिनके अन्दर जघन्य राक्षसी आत्माएँ निवास करती थीं।

स्वर्णदेश के राजकीय अभिलेखों के अनुसार, स्वर्णदेश में बड़ी संख्या में राक्षस निवास करते थे। चूँकि अब समय बदल गया था इसलिए वे किस्सों और धार्मिक कथाओं वाले राक्षसों की तरह न दिखकर सामान्य मनुष्यों की तरह ही दिखते थे। उनके धर्म, जाति, रंग और पहनावे से ही उनकी अचूक पहचान की जा सकती थी और फिर उनसे बचकर रहा जा सकता था।

चूँकि स्वर्णदेश एक धार्मिक देश था, अत: अधर्मियों और विधर्मियों

को उस देश में रहने की इजाजत नहीं थी। इसके बावजूद बहुत सारे विधर्मी उस देश में रहते थे। ऐसे विधर्मियों के शुद्धीकरण के लिए एक संगठन था जिसे राजपरिवार से जुड़ी एक संस्था चलाती थी। लेकिन अधर्मियों को लेकर धर्मी और विधर्मी दोनों एकमत थे कि उन्हें जिन्दा रहने का कोई हक नहीं। इसलिए वे अपने-अपने बीच के अधर्मियों की तरह-तरह से हत्या करते रहते थे। उन हत्याओं पर सजा की जगह इनाम का प्रावधान था।

देश के सैनिक विधर्मियों पर कड़ी नजर रखते थे। एक तो उनमें राक्षसी आत्माएँ निवास करती थीं, और दूसरे, उनमें से ज्यादातर के सम्बन्ध दुश्मन देशों के साथ थे। खुफिया विभाग की एक खुफिया रिपोर्ट के अनुसार, वे विधर्मी जातियाँ जरायमपेशा जातियाँ थीं। इसलिए यह स्वाभाविक था कि स्वर्णदेश के भीतर घटनेवाले किसी भी अपराध के लिए वही विधर्मी जातियाँ जिम्मेदार थीं। राजकीय विद्वानों का कहना था कि उन विधर्मियों की नस्ल ही हिंसक और अपराधी है क्योंकि उनके पूर्वज भी ऐसे ही थे। उनके पूर्वजों के बारे में इतिहास की पाठ्य-पुस्तकों में विस्तार से देखा जा सकता है।

स्वर्णदेश में अमन-चैन और व्यवस्था कायम करने के लिए पुलिस थी और देश की सीमाओं की रक्षा के लिए सेना। हालाँकि सेना और पुलिस साधारण जनता के ही अंग थे किन्तु सेना और पुलिस में शामिल होने के बाद वे विशिष्ट गर्वबोध से भर जाते थे और अपने-आपको राजपरिवार का ही हिस्सा समझने लगते थे। अपने इसी गर्वबोध के साथ सीना तानकर वे सम्पूर्ण स्वर्णदेश में घूमा-फिरा करते थे। वे सामान्य जनता को मुँह नहीं लगाते थे, सिर्फ मुद्राओं को हाथ लगाते थे जोकि विभिन्न अपराधों के दंडस्वरूप उनसे ली जाती थीं।

पुलिस वाले अक्सर अपराधी की बजाय उसकी माँ, बहन, पत्नी या बेटी को पकड़ लाते थे। इस तरह से वे अपराधों को जड़ से समाप्त करने में यकीन रखते थे। यह पुलिस का ही प्रताप था कि स्वर्णदेश में अमन-चैन बना हुआ था जबकि वह देश चारों तरफ से शत्रुओं से घिरा

हुआ था। शत्रु देश स्वर्णदेश की समृद्धि और सुख-शान्ति से जलते थे सो वे अपनी गुप्तचर संस्थाओं की मदद से उस महान राष्ट्र में हमेशा तोड़-फोड़ की गतिविधियों में संलिप्त रहा करते थे। गृह विभाग की एक खुफिया रिपोर्ट के अनुसार, स्वर्णदेश में होनेवाले पंचानबे फीसदी बलात्कारों, नब्बे फीसदी डकैतियों और छानबे फीसदी हत्याओं के पीछे विदेशी गुप्तचर संस्थाओं का सीधा हाथ होता था।

सेनापति के अनुसार, स्वर्णदेश की सेना अत्यन्त विशाल थी और बलशाली से बलशाली राष्ट्र को भी छिन्न-भिन्न करने में समर्थ थी। हालाँकि सेना के पास एक से बढ़कर एक आग्नेय दिव्यास्त्र थे, बावजूद इसके वह मित्र राष्ट्रों से भी बड़ी संख्या में दिव्यास्त्रों को खरीदती रहती थी। यह उन दिव्यास्त्रों का ही प्रताप था कि शत्रु देशों से बुरी तरह से घिरे होने के बावजूद स्वर्णदेश सीना ताने खड़ा रह सका था।

स्वर्णदेश के धन्ना सेठों का व्यापार सम्पूर्ण विश्व में फैला हुआ था। वे दुनिया के कोने-कोने में अपनी वस्तुओं को बेचने पहुँच जाते थे और बदले में विदेशी मुद्रा लाकर स्वर्णदेश को समृद्ध बनाने में अपना महान योगदान दे रहे थे। वे विदेशी मुद्रा राजकुमारों और राजकुमारियों की शिक्षा-दीक्षा के अतिरिक्त राजपरिवार के सदस्यों के विदेश-भ्रमण में भी काम आती थी। उसी विदेशी मुद्रा के द्वारा राजपरिवार के उपभोग की समस्त वस्तुएँ बाहर से मँगाई जाती थीं। इसके अतिरिक्त वे मुद्रा राज्य में सुख-शान्ति बनाये रखने के लिए दिव्यास्त्रों को क्रय करने के काम में भी आती थी।

स्वर्णदेश में लोग राजा से उतना नहीं डरते थे जितना कि पुलिस और पुजारियों से। पुलिस किसी भी कार्य को अपराध कह सकती थी और पुजारी किसी भी कार्य को धर्म-विरुद्ध। और धर्म के खिलाफ जाना घोर आपराधिक बात थी। देश के निवासी हत्या और बलात्कार की सजा से एक बार बच भी सकते थे किन्तु धर्म के विरुद्ध जाना वे सपने में भी नहीं सोच सकते थे। वैसे वे जान-बूझकर धर्म के विरुद्ध जा भी नहीं सकते थे क्योंकि सच्चा धर्म क्या है, यह बात सिर्फ पुजारी जानते थे। पुजारियों पर किसी भी तरह का सवाल उठाना धर्म-विरुद्ध था।

देश की ज्यादातर भूमि पर राजपरिवारों का कब्जा था। उनके पास बड़े-बड़े कृषि मैदान थे जिनमें वे दासों से खेती करवाते थे। किसान कहे जानेवाले लोगों के पास बहुत ही थोड़ी-सी जमीनें थीं। चूँकि किसान मेहनती थे और जमीन सोना उगलती थी सो अपने परिवारों के लिए साल भर का अन्न वे उपजा ही लेते थे। इसलिए राजा उनके ऊपर कर लगाता था जिसके तहत उनकी उपज का आधा हिस्सा कर के रूप में ले लिया जाता था। इसी तरह से मजदूरों, मोचियों और भिखारियों से भी कर लिया जाता था।

इस सम्बन्ध में कराध्यक्ष का कहना था कि ऐसा किया जाना स्वर्णदेश में सुख-शान्ति बनाये रखने के लिए बेहद जरूरी था। क्योंकि समाज-वैज्ञानिकों का मानना था कि सभ्य और सुसंस्कृत लोग पेट भर जाने के बाद कला, संगीत और साहित्य की तरफ मुड़ते हैं जबकि अनपढ़, गँवार और विधर्मी लोग हिंसा और अपराध की ओर। और स्वर्णदेश में किसी को भी हिंसा और अपराध की तरफ मुड़ने की छूट नहीं दी जा सकती थी। स्वर्णदेश के हित में यह छूट सिर्फ राजपरिवारों के पास थी।

देश की शिक्षा-व्यवस्था कुछ धन्ना सेठों के पास थी और अब तो मित्र देशों के धन्ना सेठ भी स्वर्णदेश में अपने विद्या मंदिर खोल रहे थे। उच्च शिक्षा सिर्फ राजपरिवार के सदस्य ही प्राप्त कर सकते थे। स्वर्णदेश की सामान्य प्रजा के पास प्राथमिक शिक्षा से ज्यादा शिक्षा प्राप्त करने की अनुमति नहीं थी। क्योंकि शिक्षा-शास्त्रियों की एक समिति—जिसमें तीन नामी धन्ना सेठ शामिल थे—के अनुसार, ऐसा करना दरअसल अंधे के हाथ में उस्तरा थमा देने के समान था जिससे कि अंधा खुद ही अपनी गर्दन रेत सकता था।

राजपरिवार के सदस्य नियमित तौर पर विदेश गमन किया करते थे। किन्तु वहाँ जाकर भी वे राष्ट्र के विकास की चिन्ता से मुक्त नहीं हो पाते थे। वे कुछ सीखने या फिर राष्ट्रहित में कुछ समझौतों और संधियों के लिए विदेश गमन किया करते थे। इस तरह से राजपरिवार के सदस्यों

को देशहित में बार-बार विदेश जाने की आदत-सी पड़ गई थी। यहाँ तक कि राजपरिवारों के ज्यादातर सदस्य विवाह के बाद अपनी मधुयामिनी भी सात समुंदर पार के देशों में ही मनाते थे।

हालाँकि उस देश की गरीब प्रजा प्रतिवर्ष बाढ़, सूखा, भूकम्प जैसी प्राकृतिक आपदाओं; तपेदिक, प्लेग, हैजा तथा मलेरिया जैसी महामारियों से कीड़े-मकोड़ों की तरह मरा करती थी लेकिन कोई उन पर ध्यान नहीं देता था। जबकि राजपरिवार के लोगों की जुकाम का इलाज भी लग्जरी सुख-सुविधाओं से युक्त विदेशी चिकित्सालयों में ही होता था। और यह सही भी था। उनके जीवन को खतरे में नहीं डाला जा सकता था क्योंकि इससे अन्ततः राष्ट्र की ही हानि होनी थी।

सात समुंदर पार के देश वहाँ के सिनेमा उद्योग के लिए भी आदर्श थे। उस महान देश के महान फिल्मकार वहाँ के गाँवों और शहरों के सच्चे और यथार्थपरक दृश्यों को फिल्माने के लिए सात समुंदर पार के ही राष्ट्रों में जाया करते थे। सात समुंदर पार से भी बड़ी संख्या में लोग स्वर्णदेश में आते रहते थे क्योंकि उस देश के बारे में दुनिया भर में मशहूर था कि वह खिलती कलियों का देश है। सो वे प्रकृति प्रेम में विह्वल होकर भौंरे के समान कलियों का रस चूसने चले आते थे।

उस देश में अतिथि-सत्कार की एक महान परम्परा थी। जब भी कोई विदेशी अतिथि स्वर्णदेश में आता, उसके सम्मानित नागरिक गद्गद हो जाते। उनके चेहरों से दिव्य नम्रता टपकने लगती और मुखमंडल पर मधुर मुस्कान रच-बस जाती। अतिथियों के स्वागत में मुस्कुराते-मुस्कुराते अधिकांश सम्मानित नागरिकों के मुखचन्द्रों का स्थायी भाव ही मुस्कुराना बन गया था। जब वे रोते तब भी ऐसा लगता था, मानो वे हँस रहे हों! यहीं पर यह भी बता ही देने की बात है कि उस देश के सम्मानित नागरिकों के विपरीत वहाँ की प्रजा के चेहरे का स्थायी भाव रोने का था। जब वह हँसती, तब भी ऐसा लगता कि मानो वह रो रही हो! ऐसी मनहूस थी स्वर्णदेश की प्रजा।

पर दूर कहीं एक देश भारत में यह कहावत प्रचलित है कि कभी न कभी तो घूरे के भी दिन फिरते हैं। तो स्वर्णदेश की उस मनहूस प्रजा के भी दिन बहुरे। हुआ यह कि स्वर्णदेश में बीते चुनाव में राजा पद के विपक्षी उम्मीदवार ने घोषणा की कि अगर प्रजा ने उसे अपना राजा चुना तो वह स्वर्णदेश में ऐसे-ऐसे काम सम्भव करेगा जो आज तक स्वर्णदेश तो क्या, दुनिया के किसी देश में सम्भव नहीं हुए। संभावित राजा ने वादा किया कि वह स्वर्णदेश में सुनहरे दिन ले आएगा। प्रजा ने संभावित राजा का चेहरा देखा, आँखों की लाली देखी, सीना देखा, लम्बाई-चौड़ाई देखी, दाँत और नाखून देखे और बना दिया राजा।

बस, फिर क्या था! स्वर्णदेश की तो किस्मत ही पलट गई। प्रजा ने ऐसे-ऐसे कारनामे देखे जिनके बारे में वह कभी सोच भी नहीं सकती थी। प्रजा को इतनी खुशी मिली, इतनी खुशी मिली कि खुशी रखने की जगहें कम पड़ गईं। यूँ तो प्रजा पहले भी अपने राजाओं की लीलाओं को देखती और मुग्ध होती आई थी पर नया राजा तो साक्षात लीला पुरुष था।

आगे की कहानियाँ प्रजा के हित में राजा द्वारा रची गई लीलाओं का बखान हैं। यह अलग बात है कि उन कहानियों और उसके लेखक की सामर्थ्य की एक सीमा है पर लीला पुरुष राजा की सामर्थ्य असीम और अनंत है। इसलिए विनम्र अनुरोध है कि उन कहानियों को इस लेखक की सामर्थ्य को ध्यान में रखकर पढ़ने की बजाय उस लीला पुरुष की सामर्थ्य को ध्यान में रखकर पढ़ा जाए।

सारे निजी काम बाएँ हाथ से करें

यह उस समय की बात है जब स्वर्णदेश नया-नया ही दारुण गुलामी के चंगुल से आजाद हुआ था। प्रजा के न जाने कितने जन्मों के पुण्य-फल साकार हुए थे। सब तरफ खुशी का माहौल था। वह खुशी इसलिए भी खत्म होने का नाम नहीं ले रही थी क्योंकि उस देश का नया राजा प्रजा की सदियों की आकांक्षाओं का जैसे मूर्त रूप बनकर प्रकट हुआ था। उस महान राजा के आगमन के बारे में लाखों वर्ष पुराने पवित्र ग्रंथों में न जाने कितनी भविष्यवाणियाँ की गई थीं। यही नहीं, दुनिया भर के भविष्यवक्ता हजारों सालों से इस बात पर सहमत थे कि वह महान राजा आनेवाला है।

और अब जबकि वह महान राजा अवतरित हो गया था तो प्रजा का समूचा जीवन जैसे कभी न समाप्त होनेवाला एक उत्सव बन गया था। पर राजा था कि इन सब उत्सवों से पूरी तरह से निर्लिप्त। वह दिन-रात बस अपनी प्रजा के बारे में ही सोचता रहता। अपने सारे रिश्ते-नाते, सुख-दुख उसने अपनी प्रजा पर न्यौछावर कर दिये थे। प्रजा की चिन्ता में राजा को रात-रात भर नींद नहीं आती थी बल्कि राजा के अनेक निकटवर्तियों का तो यह भी कहना था कि राजा ने प्रजा के हित में अपनी नींद का सुख हमेशा-हमेशा के लिए त्याग दिया था। अपनी बातों के प्रमाणस्वरूप वे राजा की आँखों की सदा बनी रहनेवाली लालिमा का जिक्र करते थे जो कि राजा की आँखों में हमेशा बनी रहती थी। उन आँखों को देखकर

दुश्मन खौफ खाते थे और यह दुष्प्रचार करते थे कि आँखों की यह लालिमा अत्यधिक नशीले पदार्थों के सेवन की वजह से है। उनका राजा के न सोने से कोई भी सम्बन्ध नहीं है।

खैर, विरोधी जो भी दुष्प्रचार करें, पर सच यही था कि राजा हमेशा प्रजा की चिन्ता में गलता रहता था। यह चिन्ता इतनी गहरी थी कि राजा के लिए दिन और रात का, धूप और बरसात का अन्तर हमेशा के लिए समाप्त हो गया था। कई बार जब राजा को किसी समस्या का कोई हल न मिलता तब वह ध्यान लगाता। ऐसे ही एक दिन जब वह एक विकराल समस्या को लेकर ध्यान में लीन था तो उसे एक कमाल की बात सूझी। वैसे 'सूझी' कहना गलत है। यह बात राजा पर कहीं बहुत ऊपर से उतरी थी। वह इतनी कमाल की बात थी कि पल भर को तो राजा उसी ध्यानमुद्रा में जैसे जड़ होकर रह गया। राजा की आँखों से आँसू बहने लगे। वह उसी ध्यानमुद्रा में देर तक रोता रहा।

देर तक ध्यान में रहने और रोने से उसकी आँखें आसमान की तरह साफ हो गईं। उनमें पिछली रात तक का कोई निशान या परछाईं नहीं दिख रही थी। आँखों में सदा बनी रहनेवाली वह लालिमा गायब हो गई थी जो विरोधियों को दुष्प्रचार का मौका देती थी। राजा ने आईने में अपने चेहरे को देर तक मुग्ध भाव से देखा। 'राजर्षि की आँखें ऐसी ही होती रही होंगी, मेरी आँखों की तरह,' राजा ने सोचा।

उधर मंत्री इन्तजार में थे कि राजा का यह दर्पण-ध्यान समाप्त हो तो दिन भर के कार्यक्रमों के बारे में उनसे उचित निर्देश ले सकें।

राजा ने मंत्रियों की भावनाओं और निष्ठा का पूरा मान रखते हुए उन्हें निर्देश दिया कि वे उसके रहते किसी भी बात की चिन्ता न करें। वह हमेशा उनके बारे में सोचता रहता है। उनके विभागीय सहायकों से उसका सीधा सम्पर्क है। वह उन्हें जरूरी निर्देश देता रहता है। फिर उसने कहा कि वह अपने सहायकों के काम से बहुत खुश है इसलिए उनके हिस्से का बोझ भी अपने ऊपर ले लेना चाहता है।

मंत्रियों ने इस बात पर प्रसन्नता व्यक्त की कि महामहिम उनके

बारे में इतना सोचते हैं पर इस बात पर चिन्ता भी व्यक्त की कि कहीं अपने ऊपर इतना बोझ लेने की वजह से महामहिम की सेहत पर कोई प्रतिकूल असर न पड़ जाए।

इस पर राजा ने गहरी नजर से अपने सहायकों को देखा। उन आँखों में वह परम कृपा-भाव था कि मंत्रिगण गद्गद हो उठे और बोलते हुए उनकी जबानें काँपने लगीं। फिर भी किसी तरह से उन सबने सामूहिक स्वर में कहा कि हे महामहिम, हमारी चिन्ता को अन्यथा न लें। हममें से कौन है जो आपकी सामर्थ्य से परिचित नहीं है? पर यह भी तो देखें कि हम सब पर आपकी इस महती कृपा की वजह से दुनिया भर के देशों में फैले हुए लोग आपकी कृपा-दृष्टि से वंचित हो रहे हैं। वे आपकी तरफ आशा भरी नजरों से टकटकी लगाये देख रहे हैं। उन पर भी कृपा करें भगवन...!

राजा अपने सहायकों की बात सुनकर बहुत खुश हुआ। उसने प्यार से उन सबके सिरों को सहलाया। इस सहलाने में भावना का कुछ ऐसा आवेग था कि जिसके सिर पर उसका हाथ जाता, वह भावावेग में काँपने लगता। यही नहीं, उसके इस भावावेग को देखकर उसके अगल-बगल खड़े सहायक दुगुने भावावेग में काँपने लगते।

इस पवित्र कँपकँपी ने राजा को खुश कर दिया। वह मुस्कुराया। वह हँसा और बोला कि वह कल सात समुद्रों के पार बसे महान देश 'बड़ा दा' की यात्रा पर जा रहा है। इस बीच अपने विभागीय सहायकों से निर्देश लेकर मंत्रिगण अपने फैसले स्वयं कर सकते हैं।

मंत्रियों में खुशी की लहर दौड़ गई। उन्होंने राजा की जय-जयकार की और उसके साथ सेल्फी ली।

इसके बाद रचनाकारों को निर्देश दिया गया कि इस महान अवसर के बारे में अतिशीघ्र कविताएँ और कहानियाँ लिखकर पूरे देश में फैला दें। डुगडुगी वालों से कहा गया कि पूरे देश में इस बात की डुगडुगी पीटी जाए।

एकाध नासमझ डुगडुगी वालों ने सवाल किया कि आखिर किस बात की डुगडुगी पीटी जाए, तो दूसरे डुगडुगी वाले ही उनके ऊपर चढ़ बैठे।

इस तरह से चहुँओर डुगडुगी के शोर के बीच स्वर्णदेश के प्रमुख धन्ना सेठों को साथ लेकर राजा महान देश बड़ा दा की यात्रा पर रवाना हो गया। वस्त्रमंत्री, केशमंत्री, त्वचामंत्री, भोजनमंत्री और राजा के गुप्तमंत्री भी इस महत्त्वपूर्ण यात्रा में राजा के साथ थे।

महान देश 'बड़ा दा' में धूमधाम से तीन दिन बिताने के बाद राजा को अपने ऊपर उतरी उस बात की याद आई जिसमें गुम होकर वह देर तक रोता रहा था। राजा के कष्ट की कोई सीमा नहीं रही। वह अपने-आपको इस बात के लिए माफ नहीं कर पा रहा था कि उसकी उस भयानक भूल की वजह से स्वर्णदेश का विकास तीन दिन पीछे छूट गया।

उसने अपनी इस जरूरी यात्रा के बीच दो दिनों का अवकाश लिया और स्वर्णदेश पहुँच गया। स्वर्णदेश पहुँचने के पहले ही उसने अपने सभी मंत्रियों को आवश्यक निर्देश दे दिया था जिनमें यह निर्देश भी शामिल था कि वह देश के सभी डुगडुगी वालों को एक साथ सम्बोधित करना चाहता है। उन सबको किसी भी तरह से राजधानी में इकट्ठा करके रखा जाए।

मंत्रियों में भय व्याप्त हो गया, पर और कोई चारा नहीं था, वे राजा के कहे को पूरा करने में लग गए। यह मंत्रियों की अपार मेहनत का ही नतीजा था कि अगले दिन जब राजा डुगडुगी वालों के माध्यम से अपनी प्रजा को सम्बोधित करने जा रहा था तो स्वर्णदेश के छोटे-बड़े, सभी डुगडुगी वाले डुग-डुग करते हुए हाजिर थे।

राजा ने अपने सम्बोधन में परमपिता परमेश्वर को धन्यवाद दिया कि उनकी उस पर असीमित कृपा बनी हुई है। राजा ने कहा कि 'बात यह है कि आप सब अब तक सिर्फ दाएँ हाथ से सारे जरूरी काम करते रहे हैं, ऐसे में आपका बायाँ हाथ धीरे-धीरे पिछवाड़ा साफ करने के अलावा किसी काम का नहीं रह जाता। अब आपको अपने देश के लिए बाएँ हाथ को भी उतनी ही तत्परता से काम में लगाना है ताकि हमारा देश दिन दूनी रात चौगुनी उन्नति कर सके। पर गुलामी के दिनों ने आप सबकी आदतें खराब कर रखी हैं। इसलिए हमें आपके हित में, आपके और हमारे महान स्वर्णदेश के हित में, कुछ सख्त फैसले लेने होंगे।'

यह कहकर राजा ने एक बार फिर आसमान की तरफ देखा। हाथों को ऊपर उठाकर कई बार 'प्रभु-प्रभु' कहा। वह थोड़ी देर के लिए जैसे फिर से ध्यानमग्न हो गया और अपने भीतर बैठे प्रभु से बतियाने लगा कि 'हे प्रभु, मैं तो सब कुछ छोड़कर संन्यासी हो जाना चाहता हूँ पर अपने इस देश का क्या करूँ जिससे मैं आपसे भी ज्यादा प्यार करता हूँ? जैसे आपका दास हूँ, उससे भी बढ़कर मैं अपनी प्रजा का दास हूँ। प्रभु, मुझे ताकत दीजिए कि मैं अपनी प्रजा के कल्याण के लिए आपके बताए रास्ते पर चल सकूँ। इस रास्ते पर चलने से प्रजा को जो तात्कालिक कष्ट होगा, उसके बारे में सोचकर मैं अभी से ही विह्वल हो रहा हूँ, पर प्रभु, और कोई रास्ता भी तो नहीं है।'

ध्यानमुक्त होकर राजा ने कहा कि 'मेरी प्यारी प्रजा, आज और अभी से आपको तब तक के लिए अपने सारे काम बाएँ हाथ से करने हैं जब तक कि आप बाएँ हाथ से सारे काम करने के उसी तरह से अभ्यस्त नहीं हो जाते, जैसेकि दाएँ हाथ से करते हैं। हम जानते हैं कि गुलामी के दिनों ने आपको अपना ही दुश्मन बना दिया है इसलिए मैं अपने विश्वस्त सहयोगी 'छोटा हाँ' को हाथमंत्री बनाये जाने का ऐलान करता हूँ। वे यह सुनिश्चित करेंगे कि ईश्वर की प्रेरणा से जन्मी इस राजाज्ञा का हर हाल में पालन हो। और जो भी लोग गुलामी की शक्तियों के प्रभाव में या फिर विदेशी ताकतों के दबाव में इस आदेश को मानने से मना करें, उन्हें देश और देश की प्रजा का दुश्मन मानते हुए कड़ी से कड़ी सजा दी जाए। यह आदेश आज और अभी से लागू समझा जाए।'

राजा का आदेश सुनते ही कई विभागों के मंत्री इस हद तक चकित हुए कि चकित और मूर्च्छित होने के बीच का अन्तर ही समाप्त हो गया। कुछ की आँखें कानों तक फैल गईं। बस, डुगडुगी वाले ही थे जिन्होंने अपने को मूर्च्छित होने से रोका। वे इस देश के बहुत ही महत्त्वपूर्ण स्तंभ थे। उन्होंने अपनी जिम्मेदारी निभाई और राजा का जयकारा लगाया। वे बार-बार राजा की जय बोलते रहे। यहाँ तक कि तब भी जब वे थक गए और उनके मुँह से फेन आने लगा। बल्कि कुछ डुगडुगी वाले जो ज्यादा

जिम्मेदार थे, वे तो राजा की जय कुछ इस तरह से बोल रहे थे, जैसेकि उन्हें मिर्गी आ गई हो!

राजा सबको बड़े ही मुग्ध भाव से देख रहा था। यह मुग्ध भाव उसी तरह से नकली था जिस तरह से ज्यादातर मंत्रियों का खुशी से चकित होना नकली था। वे भरोसा ही नहीं कर पा रहे थे कि कोई व्यक्ति, भले ही वह राजा ही क्यों न हो, इस हद तक मूर्ख हो सकता है।

राजा यह भी जानता था कि वे उसके बारे में भीतर ही भीतर क्या सोचते हैं पर राजा होने के बावजूद अपने स्वभाव में वह लोकतांत्रिक था। इसलिए उसने सबको मन में कुछ भी सोचने की पूरी आजादी दे रखी थी। हाँ, सोचे हुए को बोलने की जरूर मनाही थी क्योंकि एक नया-नया आजाद हुआ देश इससे अराजकता के गर्त में समा सकता था। पर अभी राजा इस सबके बारे में नहीं सोच रहा था।

राजा इस समय सिर्फ तीन बातों के बारे में सोच रहा था। पहली बात तो वह मन-ही-मन ईश्वर का आभार मान रहा था कि ईश्वर ने उसे बयँहत्था बनाया था और अब जब वह राजा था तो सारे दाएँ हाथवालों से खुलकर बदला निकाल सकता था। इतना ही नहीं, वह इस बात का उदाहरण भी दे सकता था कि वह बयँहत्था होने की वजह से ही देश का राजा बन पाया।

दूसरी बात, वह अपनी प्रजा के बारे में सोच रहा था जो उस पर अगाध भरोसा रखती थी। पर इससे बड़ी बात यह थी कि प्रजा उसको जितना जानती थी, उसकी तुलना में वह अपनी प्रजा को हजार गुना बेहतर तरीके से जानता था। राजा को उन नुस्खों के बारे में अच्छी तरह से पता था कि तमाम तरह से प्रताड़ित करने के बाद भी प्रजा का भरोसा किस तरह से बनाये रखा जा सकता है। इसलिए उसे इस बात की जरा भी चिन्ता नहीं थी कि उसके मंत्री मन-ही-मन उसे मूर्ख समझते हैं बल्कि वह तो इस बात पर अक्सर मुदित होता था कि यह समझने के बावजूद उन सबको उसके चरणों में लोटना ही पड़ता है।

राजा सबसे ज्यादा अपने गुप्तमंत्री के बारे में सोच रहा था जो उसके

साथ महान देश 'बड़ा दा' की यात्रा पर गया था और फिलहाल वहीं रुका हुआ था। जल्दी से जल्दी उससे मिलने के लिए आतुर था। वह अपने साथ 'बड़ा दा' की यात्रा पर गए धन्ना सेठों के बारे में भी सोच रहा था जो अपना कारोबार छोड़कर देश-हित के लिए उसके साथ भटकते रहते थे। वे देश की उन्नति और विकास के बारे में कितना सोचते रहते थे बल्कि देश की आजादी भी इन्हीं धन्ना सेठों की कृपा से सम्भव हो पाई थी।

अगर धन्ना सेठों ने सभी डुगडुगी वालों को देश-हित में अपने पाले में न मिला लिया होता तो इतने बड़े देश की जनता तक वह आजादी का सन्देश कैसे पहुँचा पाता? राजा का मन प्रेम, कृतज्ञता और भावुकता से भर गया। धन्ना सेठ लोग यदि सामने होते तब तो उसकी आँखों में आँसू ही आ जाते। भावुक होते ही उसे फिर से गुप्तमंत्री की बड़ी याद आई और वह हाथमंत्री को सब कुछ समझाकर फिर से महान देश 'बड़ा दा' की यात्रा पर निकल गया।

अब हाथमंत्री 'छोटा हाँ' की बारी थी। हाथमंत्री खुशी की मूर्च्छा से जल्दी ही निकल आया और उसने राजा के आदेश को लागू करने के लिए व्यापक पैमाने पर तैयारी शुरू कर दी। उसने राजा के प्रिय धन्ना सेठ के युवराज की सहायता ली और युवराज ने अगले ही दिन एक ऐसा चिप ईजाद कर लिया जिसे प्रजा के दाहिने हाथ में लगाया जाना था। इसके बाद अगर कोई दाहिने हाथ से कोई भी काम करता तो उसकी खबर सीधे दायाँ हाथ के कर विभाग तक पहुँच सकती थी और ऐसे व्यक्ति पर तत्परता से कार्रवाई की जा सकती थी।

हाथमंत्री ने अपने विभाग को आदेश दिया कि चिप लगाने का सारा काम राजा के लौटने से पहले ही हो जाना चाहिए। चूँकि जल्दी थी और देश की उन्नति का सवाल था, इसलिए टेंडर वगैरह निकालने की व्यर्थ की प्रक्रिया को छोड़ दिया गया और युवराज की कम्पनी को इस बात की जिम्मेदारी दी गई कि वह जल्दी से जल्दी लोगों के दाहिने हाथों में

चिप लगाए जिससे कि देश का अधिकतम विकास सुनिश्चित किया जा सके। कम्पनी पहले से ही पूरी निष्ठा से देश के विकास में लगी थी। उसने अपनी निष्ठा दस डिग्री और बढ़ा दी।

उधर डुगडुगी वालों ने हाथमंत्री को बताया कि राजा के इस आदेश का देश की प्रजा ने दिल खोलकर स्वागत किया है। लोग मिठाई बाँट रहे हैं, एक-दूसरे को बधाई दे रहे हैं, खूब नाच-गाना हो रहा है। बल्कि स्थिति यह है कि हजारों लोग तो राजा के प्रति प्रेम और खुशी के अतिरेक से मर ही गए हैं। हाथमंत्री इस बात से बहुत खुश हुआ। उसने कहा कि इस बारे में वह स्मारकमंत्री से बात करेगा कि खुशी से मर गए लोगों का एक खुशनुमा स्मारक बनाया जाए जिससे कि प्रजा हमेशा उनसे प्रेरणा ग्रहण कर सके। हाथमंत्री ने डुगडुगी वालों से कहा कि वे पूरी निष्ठा से देश-हित के इस काम में लगे रहें। इसके बाद उसने आकाशवाणी द्वारा राजा से सम्पर्क कर उसे सब हाल-खबर देने की कोशिश की। माध्यम में कुछ गड़बड़ी थी सो देर तक साँय-साँय होती रही।

पर सब कुछ इतना आसान भी नहीं था। गुलामी में रहते हुए प्रजा की आदतें खराब हो गई थीं। बहुत सारे लोग चाहकर भी बाएँ हाथ से कोई काम नहीं कर पा रहे थे। वे खाना-पीना, कपड़े पहनना और पिछवाड़ा साफ करने जैसे काम तो किसी तरह से कर ले रहे थे, हालाँकि बहुतों को उसी हाथ से खाने और पिछवाड़ा साफ करने की वजह से खाते समय उल्टी आ रही थी। पर डुगडुगी चिकित्सकों का कहना था कि इससे गुलामी के संस्कार उल्टी के माध्यम से हमेशा-हमेशा के लिए बाहर आ जाएँगे। लोग थे कि गुलामी से मुक्ति के लिए मर-मिटने को तैयार थे।

कुछ दूसरी भी दिक्कतें आईं। जैसे बाएँ हाथ से दस्तखत करने की वजह से बहुत सारे लोगों के दस्तखत बदल गए थे। सरकारी विभागों ने उनके दस्तखतों को जाली घोषित कर दिया था। और वे अपने दस्तखतों को सही साबित करने के लिए इधर-उधर बिलबिला रहे थे। उनसे कहा गया कि चूँकि दोनों हाथ उन्हीं के हैं इसलिए दोनों हाथों से किए गए दस्तखत समान होने चाहिए, अन्यथा यह माना जाएगा कि वे गुलामी के

संस्कारवश जान-बूझकर समस्या खड़ी कर रहे हैं। ऐसी स्थिति में उनकी जमा-पूँजी जब्त कर ली जा सकती है।

तब प्रजा की मदद करने के लिए बहुत सारे सहायक और मध्यस्थ सामने आए जो राजा के करीबी होने का दावा करते थे। उन्होंने कहा कि अगर उन्हें उनकी सेवा के बदले वाजिब कर दिया जाए तो वे असली लोगों को असली साबित कर दिखाएँगे। प्रजा ने खुशी से उन्हें वाजिब कर दिया और धन्यवाद भी दिया। जिन लोगों के पास देने के लिए सिर्फ धन्यवाद था, उनसे कहा गया कि अगर वे अपने बाएँ हाथ का तार्किक उपयोग नहीं कर सकते तो उसे काट फेंकें। ऐसी स्थिति में उन्हें एक छोटा-सा कर चुकता करने के बाद इस बात का प्रमाण-पत्र दिलवा दिया जाएगा कि वह जन्म से ही सिर्फ दाएँ हाथ के साथ पैदा हुए हैं और कुछ अन्य करों के भुगतान के साथ आजीवन दायाँ हाथ इस्तेमाल करने की छूट दी जाएगी। प्रजा खुश हो गई और बहुतों ने अपना बायाँ हाथ हमेशा के लिए काट फेंका।

जो लोग ज्यादा देशभक्त थे, उन्होंने अपना दायाँ हाथ ही काट फेंका। हाथ- मंत्रालय ने कहा कि इस बात की कोई जरूरत नहीं थी क्योंकि भविष्य में राजा यह भी तो बताएँगे कि देश की उन्नति और विकास के लिए दाएँ हाथ से कौन-सा काम लिया जाए। पर देश के प्रति उनकी भक्ति और भावना अनुकरणीय है, इसलिए उन सबको सम्मानित किया जाएगा और राजा के आने के बाद सरकारी मदद का ऐलान किया जाएगा।

ऐसा नहीं था कि राजा इस महान काम में आनेवाली समस्याओं से अनजान था। महान देश बड़ा दा से लौटते ही उसने एक समिति बनाई जो इस बात पर सोच- विचार करनेवाली थी कि दाएँ हाथ से आखिर कौन से काम लिये जाएँ जो कि अब पूरी तरह से खाली हो गया था। समिति ने समय न लेते हुए तत्काल अपना निर्णय सुनाया कि दाएँ हाथ से देश और धर्म की रक्षा का काम किया जाना चाहिए। दाएँ हाथों को हथियार चलाने

की ट्रेनिंग दी जानी चाहिए जिससे कि वे देश के बाहर और भीतर के दुश्मनों का सफाया कर सकें। इसके साथ-साथ उन्हें धार्मिक कर्मकांडों और रूढ़ियों की भी शिक्षा दी जानी चाहिए जिसे वे गुलामी की जहालत की वजह से भूल गए हैं। इस बात का हमेशा ध्यान रखा जाना चाहिए कि देश और धर्म की उन्नति एक-दूसरे से जुड़ी हुई है। धर्म की उन्नति होगी तो देश की उन्नति और विकास अपने-आप ही होगा।

दस्तखत की समस्या का भी निदान खोज लिया गया था। प्रजा को अब दस्तखत करना सीखने के लिए पढ़ने-लिखने की जरूरत नहीं थी। यह काम अब ज्यादा वैज्ञानिक तरीके से सम्भव हो गया था। राजा के परम मित्र धन्ना सेठ ने एक नये यंत्र का आविष्कार कर लिया था जिसमें बाएँ हाथ का अँगूठा रखते ही दस्तखत से होनेवाले सारे काम हो जाने थे। इस आविष्कार के बाद प्रजा में खुशी की लहर दौड़ गई थी। वह लहर इतनी ताकतवर थी कि हजारों तो उसमें बह ही गए थे। उन्हें फिर से खोजा जा रहा था। मिलते ही उन्हें लहर के स्मारक में बदल दिया जाना था।

विद्यार्थियों को बाएँ हाथ से लिखने में समस्या आ रही थी। उन्होंने कहा कि वे परीक्षा में बाएँ हाथ से लिखते हुए फेल हो जाएँगे। इतनी जल्दी उनके लिए बाएँ हाथ से लिखना और गति पाना सम्भव नहीं है।

राजा ने कहा कि वे उस यंत्र का प्रयोग करें जो बाएँ हाथ से लिखने के लिए ही बनाया गया है; या फिर उन यंत्रों का उपयोग करें जो सुनकर उसे लिखे हुए में बदल देने के लिए तत्पर थे।

राजा की इस पावन इच्छा का समर्थन करते हुए धन्ना सेठों ने ऐसे यंत्रों की एक पूरी श्रृंखला ही बाजार में उतार दी जो बोले हुए को लिखे हुए में बदल देनेवाली थी। इस तरह से धन्ना सेठों की मदद से अन्य समस्याओं का भी निदान सम्भव हुआ।

राजा ने धन्ना सेठों को धन्यवाद दिया और कहा कि वह हमेशा से ही उनकी निष्ठा और देशभक्ति का कायल रहा है। उसे पूरा भरोसा है कि वे मन, वचन और कर्म से जो भी करेंगे, वह देश की उन्नति और

विकास में सहायक होगा इसलिए उन लोगों को यह छूट दी जाती है कि वे जब और जितना चाहें, दाएँ हाथ का उपयोग कर सकते हैं।

धन्ना सेठों ने इस बात के लिए राजा को धन्यवाद दिया और कहा कि वे देश के हित में अपना सब कुछ लुटा देंगे पर राजा और देश पर कभी आँच नहीं आने देंगे।

इस बीच उन लोगों की मौज थी जो बचपन से ही बाएँ हाथ से काम करते आए थे। उन्होंने राजा के इस कदम का भरपूर समर्थन किया और उन लोगों से निपटने की स्वैच्छिक जिम्मेदारी ली जो राजा के इस आदेश के विरोध में इधर-उधर 'कुड़कुड़ा' रहे थे।

पर राजा अभी सन्तुष्ट नहीं था। वह प्रजा की चिन्ता में व्याकुल था। उसे पता था कि गुलामी के संस्कार इतनी जल्दी नहीं मिटेंगे। देश में स्वतंत्रता की अलख जगाने के लिए उसे अभी बहुत कुछ करना होगा। उसे पता था कि स्वर्णदेश की उन्नति और विकास के लिए अभी इस तरह के और भी अनेक कदम उठाने होंगे। अपनी रातों की नींद और दिन का चैन कुर्बान करना होगा।

वह देर तक इस बारे में गुप्तमंत्री से बातचीत करता रहा। जब कोई नतीजा नहीं निकला तो वह जाकर अपने ध्यानासन पर बैठ गया।

सोने की गाय में बदलता एक देश

स्वर्णदेश में एक जानवर होता था जिसकी मादा को लोग गाय कहते थे। गाय एक सीधी-सादी जानवर थी। उसे लोगों ने बहुत पहले ही साध लिया था। वह घास खाती थी और पानी पीती थी। कभी-कभी उसे खुश करने के लिए लोग अपने घरों के जूठन भी दे आते थे। वह और खुश हो जाती थी। कुछ लोग उसे पवित्र जानवर मानते थे। वे अपने भोजन का पहला ग्रास हमेशा गाय के लिए निकालते और फिर एक पवित्रता से भर जाते।

गाय उस ग्रास को देर तक मुँह में चुभलाती रहती। अक्सर वह ग्रास उसके गले में चिपक जाता जिसे भीतर करने के लिए उसे भूसा खाना पड़ता। गाय भूसा खाते हुए इन्तजार करती कि लोग आएँ और उसे दुहें। लोग गाय को माता मानते थे और उसके दूध को अमृत। माता का दूध अमृत होता है, यह बात तो वह बछड़ा भी जानता था जो दूर बँधा दूध के लिए हुड़कता रहता था। यह बात गाय भी जानती थी पर उसे बताया गया था कि वह महान है और महानता हमेशा त्याग माँगती है।

उस देश के बच्चों के इम्तहानों में अक्सर एक निबन्ध लिखने के लिए आता था। उस निबन्ध का शीर्षक होता—'स्वर्णदेश एक कृषिप्रधान देश है'। वह निबन्ध कमजोर बच्चों को भी अक्सर जुबानी याद होता। वैसे भी उस निबन्ध के लिखने में किसी को कोई मुश्किल नहीं आती थी। स्वर्णदेश एक कृषिप्रधान देश है, यह इससे भी साबित होता था कि

उस देश में किसान बड़ी संख्या में रहते थे। किसान बड़ी संख्या में रहते थे, यह इससे पता चलता था कि देश में आत्महत्या करनेवाली सूची में किसान नंबर एक पर थे।

बाकी दुनिया में लोग अचरज में थे कि उस देश में किसान आखिर कितनी बड़ी संख्या में रहते हैं कि रोज-रोज मरते रहने के बावजूद समाप्त होने का नाम ही नहीं ले रहे थे! इससे भी साबित होता था कि वह एक कृषिप्रधान देश था। यह इस बात से भी साबित होता था कि कई बार लोग गाय लिखते हुए किसान और किसान लिखते हुए गाय लिख देते थे और इससे अर्थ पर कोई खास फर्क नहीं पड़ता था।

जबकि दूसरी चीजों के मामले में यह अर्थ का मामला बदल जाता था। किसी को शेर कहो तो वह खुश हो जाता था जबकि शेर गाय खाता था और दूसरी तरफ, किसी को गाय कहो तो उसे माता माननेवाले लोग भी आँखें तरेरते थे। गाय कहा जाने वाला व्यक्ति प्रेम या श्रद्धा से देखे जाने की बजाय दया से देखा जाता था। फिर भी लोगों को गाय बहुत पसन्द थी। बहुतों को तो विवाह करने के लिए भी गाय ही चाहिए होती थी।

यह अलग बात है कि वह गाय भी कभी-कभी सींग या लात मारती थी पर इससे कोई फर्क नहीं पड़ता था। लोग उसकी नाक में छेद करके नकेल डाल देते और पैरों को बाँधकर उसे दुह ही लेते। कभी-कभार वह और दिक्कत करती या कि दुहे जाते समय बछड़े पर उसका प्यार उमड़ आता, तो पुत्र-भाव को मन में रखते हुए उस पर आठ-दस लाठियाँ बरसा दी जातीं। वह पहले से ही गाय होती। लाठियाँ खाने के बाद और ज्यादा गाय हो जाती।

स्वर्णदेश एक कृषिप्रधान देश है, यह बात गायों को भी पता थी। वे एक पीड़ादायी गर्व के साथ सदियों से यह बात जानती थीं कि स्वर्णदेश उनके उन अभागे पुत्रों के दम पर ही कृषिप्रधान देश है जिन्हें पटककर बैल बना दिया जाता है और फिर वे जीवन भर बैल बने रहते हैं। अक्सर उनकी आँखों में दिखाई देने वाला डँहका इसी दृश्य से पैदा होता था जो उनकी आँखों में गड़ता रहता था। फिर भी वे रोते हुए ही सही, पर खुश

रहतीं कि जैसे भी हो, वे उनकी आँखों के सामने रहते हैं और जब मन करे, वे उन्हें चाट सकती हैं।

उनका मन कभी-कभी उन बैलों को दूध भी पिलाने का करता था, आखिरकार वे माँ थीं और ममता की एक न समाप्त होनेवाली भावना उनके भीतर हमेशा बहती रहती थी। तब उन्हें वे लाठियाँ याद आतीं जो कभी चोरी से अपनी बछिया या बछड़े को दूध पिलाने पर उन पर बरसी थीं। उन्हें बताया गया था कि चोरी करना बुरी बात है, अनैतिक है और जब माँ ही अनैतिक हो जाएगी तो उसकी उन संततियों का क्या होगा जो उसके दूध के दम पर पलती और बढ़ती हैं?

गायें अक्सर चुप रहती थीं। इसका यह मतलब नहीं था कि उन्हें कुछ पता नहीं था। वे पढ़ी-लिखी नहीं थीं पर उन्हें आहार-चक्र के बारे में पता था। उन्हें पता था कि गाय घास खाती है। उन्हें पता था कि शेर-बाघ गाय को खा जाते हैं। वे अपने ऊपर कौओं का बैठना पसन्द करतीं जो उनकी चमड़ी में चिपके परजीवी कीड़ों को खा जाते। ऐसे ही उन्हें यह भी पता था कि बहुतेरे इनसान गाय भी खा जाते हैं। उन्हें दुख होता, पर इस दुनिया में यह उनके लिए एक स्वाभाविक चक्र था। ऐसे में अक्सर वे अपनी माँओं को याद करतीं जो जब बूढ़ी हो जातीं तो अक्सर रूखा-सूखा कुछ भी खाने को उनके आगे डाल दिया जाता। वे बैल जो बूढ़े हो जाते, हड्डाए हुए अपनी मौत का इन्तजार करते।

इस बीच गायों ने पाया कि यह चक्र बदल रहा था। बहुत सारे मशीनी बैल आ गए थे जिन्होंने बैलों को उनके काम से मुक्त कर दिया था। दो बैलों की कहानी में से एक बैल को निकाल बाहर कर दिया गया था। दूसरा बैल, जिसका नाम किसान था, वह हक्का-बक्का इस स्थिति को देख रहा था और मशीनी बैल के साथ पूरी ताकत लगाकर दौड़ रहा था। शुरुआत में तो वह बहुत खुशी से दौड़ा। फिर उसे पसीने छूटे। वह हाँफने लगा और जल्दी ही बेदम होकर गिर पड़ा।

उधर गायें पहले तो खुश हो गईं कि अब उनके बेटों और भाइयों को बैल नहीं बनना पड़ेगा। पर जल्दी ही उन्हें इस सच का पता चला

कि स्थिति पहले से ज्यादा भयानक हो गई है। उनके बछड़ों को बाहर खदेड़ दिया गया। अब वे किसी काम के नहीं थे। उन्होंने किसानों से उनकी फसल में अपने पुरखों की मेहनत का हिस्सा माँगना शुरू कर दिया। किसान मशीनी बैलों के साथ दौड़ते-हाँफते पहले ही बेदम हो चुके थे। उनके पास कुछ नहीं बचा था। उन्होंने अपने को प्रस्तुत कर दिया। बछड़े जो अभी तक उनसे लड़ने पर उतारू थे, उनका माथा चाटने लगे।

गायें अभी इस घटना को समझने की कोशिश ही कर रही थीं कि उन्होंने पाया कि उनके बहुतेरे मालिकों ने जो सैकड़ों और हजारों की संख्या में गाय पालते थे, बछड़ों को सुई चुभोकर मार देना शुरू किया। गायों को कँपकँपी छूट गई। यह तो उन्होंने सपने में भी नहीं सोचा था। इससे तो बैल बनकर खेत जोतना ही अच्छा था। उधर एक दूसरी भी मुश्किल उनके सामने बड़े विकराल रूप में पसर रही थी। जब वे दूध देने लायक नहीं रहतीं तो उन्हें अपना चारा खुद जुटाने के लिए बाहर खदेड़ दिया जाता।

वे इधर-उधर भटकती रहतीं। उन्हें कई-कई दिनों तक चारा नसीब न होता। वे माँ थीं, इस तरह की बातों पर शिकायत करने का उन्हें कोई हक नहीं था। वे करती भी नहीं थीं। कई बार भूख जोर मारती तो सड़कों पर, कूड़ाघरों की तरफ निकल जातीं और भक्ष्य-अभक्ष्य जो भी मिलता, उसे खाकर अपना पेट भर लेतीं और उसे पचाने के लिए पगुराना शुरू कर देतीं। कई बार उनका भोजन इतना पौष्टिक होता कि वे पगुराते-पगुराते जान भी दे देतीं, फिर भी नहीं पचता।

देश में लोकतंत्र था और गायों को भी वोट देने का अधिकार मिला हुआ था। यह अलग बात है कि उस देश के मनुष्यों की तरह गाएँ भी भाई-भतीजावाद से ग्रस्त थीं। इसलिए वे अक्सर साँड़ों को वोट देती थीं, जिन्हें वे अपना प्रेमी, पति, भाई, पुत्र और संरक्षक मानती थीं। बदले में साँड़ उन्हें हर बार वचन देते थे कि वे जो कुछ भी करेंगे, बस, गायों के लिए ही करेंगे। गायें इस बात पर इतनी खुश हो जाती थीं कि वे तब भी पगुराती रहती थीं जब उनके पेट में घास का एक तिनका भी नहीं होता था।

कहा जाता है कि कभी-न-कभी तो घूरे के भी दिन बदलते हैं तो वे तो गायें थीं। अगले चुनाव में राजा पद के लिए जो प्रत्याशी अवतरित हुआ, उसने कहा कि गायों की रक्षा उसके जीवन का सबसे बड़ा उद्‌देश्य है। भावी राजा की इस घोषणा से प्रभावित होकर लाखों ऐसे लोग सामने आए जिन्होंने गायों की रक्षा को अपने जीवन का उद्‌देश्य बना लिया। अपने इस उद्‌देश्य की पूर्ति हेतु वे किसी भी हद तक जा सकते थे। गायों के लिए ये बहुत खुशी के दिन थे। उनकी बड़ी-बड़ी चमकती आँखों में खुशी के आँसू थे।

यह जिस स्वर्णदेश की कहानी है, वह अतीत में कभी 'सोने की चिड़िया' कहा जाता था। चुनाव के बाद नये राजा ने ऐलान किया कि 'हमारा लक्ष्य देश को सोने की चिड़िया बनाना न होकर सोने की गाय बनाना है। चिड़ियाँ मांसाहारी होती हैं। वे मासूम कीड़ों को खाकर उड़ जाती हैं। वे आदर्श प्रतीक नहीं हैं क्योंकि उन पर नियंत्रण नहीं रखा जा सकता। आदर्श प्रतीक वही हो सकता है जिस पर पूरी तरह से नियंत्रण रखा जा सके। इस लिहाज से गायें सबसे आदर्श प्रतीक हैं। इसलिए भी क्योंकि वे पूरी तरह से पवित्र हैं। पहले संतानोत्पत्ति आदि के सिलसिले में उनकी पवित्रता खंडित हो जाती थी। अब ऐसा नहीं है। अब हमारे लोगों ने यह काम पूरी तरह से सँभाल लिया है। अब उनकी नस्ल भी हमारे नियंत्रण में है। इसलिए अब हमने ठान लिया है कि हम इस देश को सोने की गाय बनाकर रहेंगे।'

वह एक ऐसा देश था जो आदर्श होने की तरफ बढ़ रहा था इसलिए देश की मीडिया भी पूरी तरह से जागरूक और एक पवित्र कर्तव्य-बोध से भरा था। उसने सवाल उठाया कि सोने की गाय ही क्यों? सोने का हाथी, शेर या कि गैंडा क्यों नहीं? राजा ने कहा कि उसका भाषण गौर से सुना जाए। इस सवाल का जवाब वह पहले ही दे चुका है। फिर उसने मजाक में कहा कि 'हमें एक-एक सीढ़ी आगे बढ़ना है। चिड़िया से गाय तक तो

ठीक है, पर सीधे हाथी पर आ जाना बहुत ज्यादा नहीं हो जाएगा?' यह कहकर राजा बहुत जोर से हँसा। उसके साथ मीडिया भी हँसा और कई दिनों तक हँसता रहा। उस हँसी से इतना पवित्र शोर फैला कि सभी तरह की गायें खुशी के मारे काँपने लगीं।

नया राजा जो कहता था, वह करता भी था। अगले ही दिन नये राजा ने ऐलान किया कि गायों के लिए एक नया मंत्रालय बनाया जा रहा है जो सीधे राजा के अधीन काम करेगा। उसने राष्ट्रीय प्रतीकमंत्री को इस विभाग का उपमंत्री बनाया और ऐलान किया कि चूँकि यह बेहद संवेदनशील मुद्दा है इसलिए मंत्री कभी भी उससे विचार-विमर्श कर सकते हैं।

मंत्री जी ने राजा से गहन विमर्श करने के बाद तय किया कि देश-भर की सभी गायों की नये सिरे से गिनती कराई जाएगी। इसके बाद गायों के जन्म और मृत्यु का एक वैज्ञानिक ग्राफ बनाया जाएगा। वह ग्राफ हमेशा अपडेट होता रहे, इसके लिए जरूरी है कि हर गाय को एक निश्चित संख्या दी जाए जिससे उसकी पहचान सम्भव हो सके।

यह पहचान-पत्र हर गाय के माथे पर ऑपरेशन के द्वारा हमेशा के लिए लगा दिया जाना था, जिससे सभी गाएँ सीधे तौर पर मंत्रालय के डाटा सेंटर से जुड़ी रहतीं। इस पहचान-पत्र में गाय की नस्ल, उसके द्वारा दिये जानेवाले दूध की मात्रा, उम्र और शरीर में उपलब्ध मांस का सही-सही ब्यौरा दर्ज किया जाना था। इस महत्त्वपूर्ण परियोजना का ठेका राजा के एक विश्वस्त धन्ना सेठ को दिया गया जो कई पीढ़ियों से गायों के मांस, चमड़े, हड्डी आदि के व्यापार में लगा हुआ था और देश को बहुमूल्य विदेशी मुद्रा दिलवा रहा था।

गायों के बारे में उससे बेहतर कोई नहीं जानता, राजा ने कहा। सभी लोगों ने सहमति में सिर हिलाया और राजा की जय-जयकार की। अब देश को सोने की गाय बनने से कोई नहीं रोक सकता था। धन्ना सेठ ने ऐलान किया कि राष्ट्रीय प्रतीक की इस महत्त्वपूर्ण परियोजना के लिए राजा से वे एक रुपया भी नहीं लेंगे। वे इस योजना में लगनेवाली धनराशि को इसी योजना से पैदा करेंगे। इतना ही नहीं, इस पूरी प्रक्रिया को वे

कुछ इस तरह से संचालित करेंगे कि बड़ी संख्या में रोजगार भी पैदा हो और लोगों को इस राष्ट्रीय महत्त्व की परियोजना से जुड़ने का सम्मान हासिल करने का मौका मिले।

धन्ना सेठ ने मंत्री को विश्वास में लेकर सबसे पहले गौ-सैनिकों की खुली भर्ती का ऐलान किया जो इस परियोजना को सम्भव बनाने वाले थे। फिर वह पहचान-पत्र डिजाइन करवाया जो गायों के माथे पर ऑपरेशन के द्वारा लगाया जाना था। इसके बाद गौ-सैनिकों को इस काम पर लगा दिया गया कि वे गायों के माथे पर एक निश्चित अवधि के भीतर पहचान-पत्र लगा दें।

चूँकि न तो गौ-सैनिकों को इस काम का कोई अनुभव था, न ही गायों को, इसलिए बड़ी संख्या में गायें खेत रहीं। धन्ना सेठ ने प्रतीकमंत्री को इसके लिए बधाई दी और कहा कि ये गायें कमजोर और बूढ़ी थीं इसलिए राष्ट्रीय प्रतीक होने की पात्रता नहीं रखती थीं। पर एक दूसरे तरीके से वे हमारी इस योजना के काम आएँगी। उनका मांस, हड्डी और चमड़ा बेचकर इस संसाधन के लिए धन एकत्र किया जाएगा और इन गायों को वही सम्मान दिया जाएगा जो महान देश भारत की परम्परा में दानवीर शिवि और दधीचि का है।

अगला नंबर साँड़ों का था। साँड़ों का यूँ भी खेती-किसानी में कोई काम नहीं रह गया था; बल्कि वे फसलों के दुश्मन ही थे। कई बार तो वे अपनी ताकत के नशे में गायों को भी चोट पहुँचाते थे। फिर भी गायें राजा के इस कदम से हिल गईं। जब बड़ी संख्या में साँड़ धरे-पकड़े जा रहे थे तो गायों का एक प्रतिनिधि मंडल राजा से मिलने पहुँच गया।

राजा ने प्रेम और धैर्य से उनकी समस्या सुनी और कहा कि 'किसी भी प्रतीक को अपनी समस्या बताने या प्रतिनिधि मंडल लेकर आने का कोई हक नहीं है।' फिर भी चूँकि वह उदार और लोकतांत्रिक तरीके से चुना गया राजा है, इसलिए उसने गायों की बात सुनी।

'अब गायों को भी यह जानना चाहिए कि हम यह कदम गायों की

सुरक्षा के लिए ही उठा रहे हैं। हमें गौ-सैनिकों से खबर मिली है कि कई जगहों पर साँड़ों ने गौ-पालकों और गायों को चोट पहुँचाई है। हम यह बर्दाश्त नहीं कर सकते। यह ठीक है कि वे गायों के कुल से आते हैं पर वे कुलघाती हो गए हैं। उन्हें इस बात की सजा मिलेगी। उन्हें इस बात के लिए बाध्य किया जाएगा कि मरने के बाद ही सही, पर वे गायों के लिए काम में आएँ।'

तय पाया गया कि उनका मांस इस देश के लोग तो खा नहीं सकते क्योंकि वे माता के कुल से हैं इसलिए उस मांस का उन देशों में निर्यात कर दिया जाएगा जो उन्हें खाते हैं। इस तरह से गो-कुल की हत्या का पाप भी बँट जाएगा। उनकी हड्डियों से बनी खाद खेतों में जाएगी और देश की कृषि-व्यवस्था में अपना योगदान देगी। इससे उन किसानों के नुकसान की भी भरपाई हो जाएगी जिनकी फसलें इन साँड़ों ने चौपट की होंगी। किसान फायदे में आएँगे तो यह बात गायों के लिए भी फायदे की होगी। उन्हें बढ़िया चारा मिलेगा। इसी तरह इन साँड़ों की खालें गौ-सैनिकों के काम आएँगी। वे इन खालों को पहनकर गायों के बीच गायों के भेस में ही मौजूद रहेंगे। यह गायों की अभेद्य सुरक्षा व्यवस्था होगी।

गौ-सैनिकों को चार पैरों पर चलने की ट्रेनिंग दी जा रही थी। उन्हें सींगों और खुरों का उपयोग सिखाया जा रहा था। मनोवैज्ञानिक एक और तरह से उन पर काम कर रहे थे। उन्हें कुछ इस तरह से ट्रेनिंग दी जा रही थी कि साँड़ की खाल पहनने के बाद वे भीतर से साँड़ जैसा महसूस करें। तब गायों के साथ उनका ज्यादा अपनापा बनेगा और वे गायों की हिफाजत के लिए न किसी की जान लेने से डरेंगे और न ही अपनी जान देने से। उन्हें बताया गया था कि उन्हें हर हाल में गायों की रक्षा करनी है, यही बात उनके लिए एकमात्र कानून और धर्म है। इसके रास्ते में अन्य जो कानून आएँ, उन्हें वे बेहिचक तोड़ सकते हैं।

गौ-सैनिक जिस गति से यह सब सीख रहे थे और नई स्थितियों के अनुरूप अपने को ढाल रहे थे, बहुत सम्भव था कि जल्दी ही वे

असली साँड़ों में बदल जानेवाले थे। मदद के लिए उन्हें नियमित तौर पर पूँछवर्धक पेय दिया जा रहा था।

उधर असली साँड़ परेशान थे। उन्हें समझ में ही नहीं आ रहा था कि उनके साथ हो क्या रहा है। वे क्रोध में इधर-उधर बिफरते हुए घूमते। आखिर उन्होंने आपस में तय किया कि इतनी आसानी से वे हार नहीं मानेंगे। वे गौ-सैनिकों के खिलाफ लड़ेंगे। पर यह लड़ाई कायदे से एक दिन भी नहीं चल पाई।

साँड़ों को लड़ाई के जो तौर-तरीके आते थे, वे सब बेकार साबित हो रहे थे। वे पूँछ खड़ी करके नथुने फुफकारते हुए अपने पैरों से जमीन को खोदते-कँपाते आगे बढ़ते कि तब तक उनका काम तमाम हो जाता। उनकी पूँछ उठती कि काट ली जाती। उनकी पूँछ से बने कई पूँछवर्धक पेय पदार्थ बाजार में उतार दिये गए थे जिनके नियमित सेवन से सदियों पहले गिरकर कहीं खो गई पूँछ फिर से उग आनी थी। असली साँड़ नकली साँड़ों से हार रहे थे।

बाद में जब गौ-सैनिकों के लिए खालें कम पड़ गईं तो गायों की अनुमति से कुछ और गायों से उनकी खाल का दान माँगा गया। यह गायों की सुरक्षा का सवाल था और इसमें राजा अपनी तरफ से कोई कमी नहीं रखना चाहता था। गायों की हिचक पर राजा ने उन्हें बताया कि जैसे सभी युद्ध शान्ति की स्थापना के लिए किए जाते हैं, वैसे ही गायों की रक्षा के लिए बहुत सारी गायों का मारा जाना जरूरी था जिससे कि गौ-रक्षकों के लिए पर्याप्त मात्रा में गौ-कवच तैयार किए जा सकें।

इस तरह से धीरे-धीरे जब गायें बहुत कम हो गईं तो देश के किसानों को इस बात की छूट दी गई कि वे चाहें तो अपना पंजीकरण गाय के रूप में करा सकते हैं। इस तरह गायों को मिलनेवाली सभी सुविधाएँ और सुरक्षा पा सकते हैं। बाद में राजा ने अपनी कल्याणकारी योजनाओं में इस योजना को प्रमुखता से गिनाया कि उसने किसानों को गाय होने का हक दिया जोकि इस देश के इतिहास में पहली बार सम्भव हुआ है।

राजा की बातें सभी लोग अच्छी तरह से समझ सकें, इसके लिए बहुत बड़ी मात्रा में गोबर चाहिए था जो लोगों के दिमागों में भरा जा सके। यह जिम्मेदारी देश की मीडिया को सौंपी गई जिसने पूरी ईमानदारी से अपने काम को अंजाम दिया। उसने गोबर को तरंगों में बदल दिया था। अब वह गोबर न सिर्फ आँखों और कानों के रास्ते बल्कि सभी सम्भव रास्तों से इनसानी दिमागों में अपनी वाजिब जगह ले रहा था। बहुतेरी जगहों पर तो अन्दर भी गोबर था पर ऐसे लोगों की भी कमी नहीं थी जिनके दिमागों में पढ़ाई-लिखाई और अपसंस्कृति का कचरा पहुँच चुका था। गोबर उन्हें तेजी से बाहर निकाल रहा था और उनकी जगह खुद ले रहा था।

गायों को संरक्षण देकर देश को सोने की गाय बनानेवाली इस योजना के साल भर पूरे होने पर देश की राजधानी में एक बड़े समारोह का आयोजन किया गया। इस अवसर पर राजा की इस योजना में प्राण-पण से लगे धन्ना सेठ ने बताया कि यह योजना अभूतपूर्व रूप से सफल हो रही है। गायों के मांस और हड्डियों से हमें बड़ी मात्रा में सोना हासिल हो रहा है। इस सोने का बड़ा हिस्सा गौ-संवर्धन में खर्च किया जा रहा है।

एक मूर्ख पत्रकार के यह पूछने पर कि गायों के संवर्धन के लिए गायों को भला मारना क्यों पड़ रहा है, राजा ने कहा कि यह नीतिगत मसला है जो देश की सुरक्षा से जुड़ा है इसलिए इसका जवाब अभी नहीं दिया जा सकता। हाँ, धन्ना सेठ ने जरूर इस बात का स्पष्टीकरण दिया कि हम तो मरी हुई गायों का मांस बेचते हैं जिन्हें मशीनें मारती हैं और मशीनों पर इनसानी कायदे भला कैसे लागू किये जा सकते हैं?

उसी रात आयोजित रात्रिभोज में राजा ने धन्ना सेठ से हुई एक ऑफलाइन बातचीत में हँसते हुए बताया कि वह बनाना तो सोने का हाथी ही चाहता था पर उसमें कई दिक्कतें थीं। पहली यह कि हाथी संख्या में बहुत कम हैं। दूसरी, उन पर नियंत्रण रखना मुश्किल काम है। तीसरी यह कि वह एक विपक्षी दल का चुनाव निशान बनकर पहले ही पतित हो चुका है। और सबसे आखिरी

और जरूरी यह कि उसकी खाल ओढ़ना गौ-सैनिकों के लिए बहुत ही मुश्किल काम होता।

तो वह बनाना तो सोने का हाथी चाहता था पर मुश्किल यह थी कि घुटनों के बल पर जाने के बाद गौ-सैनिक हाथी तो क्या, हाथी के बच्चे भी नहीं दिखते। सदा गम्भीर रहनेवाला धन्ना सेठ इस बात पर बहुत देर तक हँसता रहा। उसका साथ देने के लिए राजा भी देर तक हँसा। हँसते हुए राजा को अचानक से खाँसी आ गई। फिर धन्ना सेठ देर तक राजा की पीठ सहलाता रहा।

उधर गाय थी जो बेबस यह सब देख रही थी। माथे पर जड़े हुए पहचान-पत्र से उसका सिर दुखता रहता। कुछ गायों ने दीवाल में या किसी पेड़ आदि पर माथा रगड़ते हुए पहचान-पत्र से मुक्ति पानी चाही तो उनका यह कदम राष्ट्रद्रोह माना गया। उन्हें सजा में फाँसी दी गई ताकि दूसरी गायों के लिए यह सबक हो। जब राष्ट्र की प्रतीक गाय ही राष्ट्र की अवज्ञा करेगी तब यह राष्ट्र भला कैसे चलेगा? गायों को कुछ भी समझ में नहीं आ रहा था कि वे क्या करें।

वे तो यह भी नहीं समझ पा रही थीं कि उन्हें प्रेम और अपनेपन से सहलाने और उनकी देखभाल करनेवाले हाथ अब डरे-डरे से क्यों लगते हैं। उनमें वह सिहरन भला कहाँ से आ गई? वे कुछ भी न समझ पातीं। उनकी बड़ी-बड़ी निर्दोष आँखें हमेशा पनियाई रहतीं। उनके कान हमेशा हिलते रहते। वे बस घास खाती और दूध देती किसी तरह से अपना जीवन बिता रही थीं। आखिरकार वे गाय ही तो थीं! उन्हें पता ही नहीं था कि इस देश में उनकी हैसियत इतनी बदल चुकी थी। वे एक ताकतवर राष्ट्रीय प्रतीक में बदल चुकी थीं। उनका नाम लेकर किसी का भी सिर धड़ से अलग किया जा सकता था।

वैसे अगर उन्हें यह बात पता चल भी जाती तो भला वे कर क्या लेतीं? और रही उस देश के लोगों की बात तो इसके पहले गाय शब्द

सुनकर उनके मन में एक ऐसे सीधे-सादे जानवर की छवि बनती थी जिसके प्रति उनके मन में कहीं गहरा कृतज्ञता-बोध था। पर देश को सोने की गाय बनानेवाली इस महान परियोजना के बाद गाय शब्द सुनते ही उन्हें कँपकँपी होती और उनके सामने एक ऐसे जानवर की छवि आती जिसने सदियों का अपना भोजन चारा खाना छोड़ दिया था। अब वह इनसानों का मांस खाती थी और खून पीती थी। विडंबना यह थी कि इस सबमें बेचारी गाय की कोई गलती नहीं थी।

कपड़े बदल-बदल कर देश का विकास

स्वर्णदेश का राजा दिन में कम-से-कम पाँच बार कपड़े बदलता था। कपड़े सिलने वालों का एक बहुत बड़ा समूह इस काम में लगा हुआ था। हालाँकि उसके सभी अंगों की नाप कपड़े सिलनेवालों के पास थी पर चूँकि वह राजा था सो किसी दिन उसका मन करता तो थोड़ा मोटा हो जाता या फिर किसी दिन पतला। राजा के दर्जियों के प्रधान के सामने इस वजह से कई बार समस्या उत्पन्न हो जाती इसलिए उसने राजा के पीछे कई जासूस लगा दिये।

जैसे एक जासूस राजा की रसोई में था। दूसरा राजा की विदेश जाने की तैयारी करनेवाली टीम में था। तीसरा उस टीम में तोड़ा गया जो राजा के देशी दौरों की कमान सँभालती थी। चौथा राजा के गुप्तमंत्री के पीछे लगाया गया। इन जासूसों से प्राप्त सूचनाओं का विश्लेषण करके प्रधान दर्जी यह पता लगा ही लेता कि राजा कब और किस दिन पतला दिखेगा और कब और किस दिन मोटा। यह तो सिर्फ कपड़ों की बात थी। इसके अलावा राजा की केश-सज्जा, आँखों के रंग, चेहरे की चमक और लाली आदि के लिए भी तमाम विशेषज्ञ नियुक्त किये गए थे।

इसी तरह से राजा की घड़ियों और जूते-चप्पल के लिए भी एक पूरी टीम थी जो देश-काल और राजा के मूड और ज्योतिषियों की सलाहों के आधार पर राजा के लिए सही परिधान चुनती थी। इन लोगों के रहने के लिए राजमहल के भीतर ही जगह मुहैया कराई गई थी। इसके पीछे राजा

की सुरक्षा की बात तो थी ही, यह खतरा भी था कि लालच में फँसकर इन लोगों ने वही सेवा किसी और को दे दी जो वे राजा को देते आए हैं तो फिर राजा और स्वर्णदेश की इज्जत का क्या होगा? पिछले राजा ने पहले से ही इस देश की इज्जत का कबाड़ा कर रखा था।

पिछले राजा ने कभी देश की इज्जत के बारे में नहीं सोचा। वह इस हद तक गया-गुजरा था कि हमेशा एक ही तरह के पाजामे-कुर्ते में नजर आता। वह भी सब-के-सब सफेद। यह पता भी न चलता कि उसके पास कितने जोड़े कुर्ते हैं। एक-दो कोट-पैंट थे, वही पहनकर वह विदेश भी घूम आता था। कोई फैशन का सेंस ही नहीं था उसमें, न ही देश की प्रतिष्ठा का कोई खयाल। दुनिया के लोग इस देश को कितना फटीचर समझते रहे होंगे! —राजा ने सोचा, और उसका सिर शर्म से झुक गया।

नया राजा सोचता कम और करता ज्यादा था इसलिए तुरन्त उसने अपने प्रधान दर्जी को बुलाया और कहा कि इस बार की विदेश-यात्रा पर उसके लिए जो कपड़े तैयार किए जाएँ, वे सोने-चाँदी के तार से तैयार किए जाएँ।

प्रधान दर्जी ने 'जो हुकुम' कहा और मुस्कुराता हुआ चला गया।

इसके बाद राजा ने अपना प्रिय अखबार पढ़ना शुरू किया। सम्पादकीय पेज पर राजा की निन्दा करनेवाले एक अखबार की निन्दा करते हुए सम्पादकीय लिखा गया था। उस गर्हित अखबार ने राजा के कपड़ों पर सवाल उठाया था। देश के कई फटीचर अखबार समय-समय पर राजा के परिधान पर सवाल उठाया करते थे कि जिस देश में करोड़ों भूखे-नंगे रहते हों, उस देश के राजा को दिन में पाँच बार अपना कपड़ा बदलने का क्या हक है?

राजा के प्रिय अखबार ने उन सवालों का जवाब देते हुए लिखा था कि दुनिया में देश का प्रतिनिधित्व देश के करोड़ों नंगे-भूखे नहीं करते। देश का राजा करता है। विरोधी अखबार अपने विरोध में क्या इस हद तक गिर गए हैं कि वह राजा को उन भूखों-नंगों जैसा देखना चाहते हैं जिनके लिए पिछले राजा की नंगी-पुंगी नीतियाँ जिम्मेदार हैं? अगर राजा

उन्हीं भूखों-नंगों की तरह के पहनावे में विदेश जाएगा या कि अपने ही राज्य में विदेशी मेहमानों का स्वागत करेगा और ऐसा करते हुए मीडिया में उसकी छवि जाएगी तो भला देश का कितना मजाक बनेगा? पर विरोधी अखबारों को इस बात की क्या चिन्ता...!

अखबार पढ़ते हुए राजा के होंठों पर मुस्कान आ विराजी। एक यही तो अखबार है जो बिना किसी डर के सब कुछ सही-सही लिख देता है। काश, बाकी अखबार भी इसी तरह से निडर होते! पर बाकी अखबारों ने तो निडरता का मतलब राजा का असम्मान ही समझ लिया है। 'यह हमारी उदारता है कि हमने कुछ सवालों को पूछने की छूट दे रखी है तो क्या कुछ भी पूछने लगोगे?' यह सब सोचते हुए राजा की मुस्कान गायब होने लगी। उसकी जगह पर ऐसा क्रोध आ विराजा जो किसी राजा के चेहरे पर ही शोभा पा सकता था। राजा के क्रोध की वजह से राजमहल का तापमान तेजी से बढ़ने लगा। राजमहल पिघलकर बह ही गया होता पर सही समय पर गुप्तमंत्री आ गया।

गुप्तमंत्री ने राजा के हाथ में अखबार देख लिया था। उसने तुरन्त जान लिया कि राजा के गुस्से की असली वजह क्या है। वह बड़ी अदा से राजा के सामने झुका, पर राजा अभी गुस्से में था इसलिए उसे गुप्तमंत्री की अदा पसन्द नहीं आई। इससे गुप्त मंत्री पर कोई असर नहीं पड़ा। उसने मुस्कुराते हुए राजा का हाथ अपने हाथों में लिया और बोला कि हाथी अपनी चाल से चलता है और कुत्ते भौंकते रहते हैं। इसलिए राजा जी को इस तरह की बातों को गम्भीरता से नहीं लेना चाहिए।

राजा थोड़ा सहज हुआ था कि अचानक से फिर तुनक गया। उसने तुर्श आवाज में गुप्तमंत्री से कहा, 'तुम मेरी तुलना एक जानवर से कर रहे हो? यह राष्ट्रद्रोह है। मैं इस देश का राजा हूँ, यह बात तुम्हें कभी नहीं भूलनी चाहिए।'

गुप्तमंत्री ने तुरन्त ही अपने शब्द वापस लिये और क्षमा माँगी। अब तक उसे अन्दाजा हो गया था कि आज राजा ने किसी बात को ज्यादा ही दिल पर ले लिया है। उसने राजा से पूछा कि हुजूर, बुरा न मानें तो

कृपया अपनी समस्या उसे भी बताएँ। तब राजा ने बुरा न मानते हुए वह विकराल समस्या बताई जिसने सुबह-सुबह ही उसके मूड का सत्यानाश कर दिया था।

गुप्तमंत्री मन-ही-मन हँसा पर ऊपर से बहुत ही गम्भीर बना रहा। कुछ देर सोचने-विचारने का अभिनय करने के बाद उसने कहा, 'इन अखबारों को बन्द ही करा देते हैं। इन सबका सरकारी विज्ञापन बन्द कर देते हैं और निजी क्षेत्रों की जो कम्पनियाँ या लोग इन अखबारों को विज्ञापन या किसी अन्य तरह की मदद करते दिखाई दें, उन सबको काली सूची में डालते हैं; या फिर आप आदेश दें तो कल ही इनमें से कुछ के सम्पादकों की दुर्घटना या कि नशे की ओवरडोज से मौत की खबर छपवा दूँ? या फिर गृहमंत्री को कहें कि इनका कोई लिंक शत्रु देश की गुप्तचर एजेंसियों से निकलवा दें और इन्हें गिरफ्तार करके, इनके कपड़े उतारकर और उल्टा टाँगकर...।'

राजा को हँसी आ गई। उसने इशारों से गुप्तमंत्री को बरजा।

राजा को हँसते देखकर गुप्तमंत्री भी विनम्र भाव से हँसने लगा।

राजा ने कहा, 'यह सब तो हो जाएगा पर अगले सम्पादक ने आकर फिर से वही सब कुछ लिखना शुरू कर दिया तो? और फिर इससे मेरी वैश्विक छवि का क्या होगा? अभी तो खबरें देशी अखबार छाप रहे हैं, कल को विदेशी अखबारों में भी यही सब छपने लगा तो? तो कुछ ऐसा सोचो कि जिससे साँप भी मर जाए और लाठी भी न टूटे और हमें कुछ फायदा भी हो जाए।'

गुप्तमंत्री ने सोचने के लिए एकांत में जाने की अनुमति माँगी।

जवाब में राजा ने कहा, 'यहाँ राजा के महल से ज्यादा एकांत कहाँ मिलेगा! आओ, यहीं मिलकर सोचते हैं।'

इसके बाद राजा और गुप्तमंत्री अगले दो दिनों तक एकांत में इस समस्या पर विचार करते रहे। राजा इस समस्या को लेकर कितना गम्भीर था, यह इससे भी पता चला कि इन दो दिनों में उसने कुल दस बार की बजाय बस, सात बार ही कपड़े बदले। और आखिरकार गुप्तमंत्री ने

समस्या का हल खोज निकाला। चूँकि दीवारों के भी कान होते हैं इसलिए उसने यह बात सीधे राजा के कान में ही कही।

पूरी बात सुनते ही राजा भाव-विह्वल हो गया और बार-बार गुप्तमंत्री को गले लगाने लगा।

अगले दिन देश के सभी अखबारों में पहले पेज पर पूरे एक पेज का विज्ञापन प्रकाशित हुआ। देश के वित्तमंत्री की तरफ से दिये गए इस विज्ञापन में राजा ने ऐलान किया था कि वह राजा नहीं, फकीर बनकर रहना चाहता है, इसलिए वह अपने इस्तेमाल में आई हुई सारी चीजें नीलाम कर रहा है। इस नीलामी से जो भी राशि प्राप्त होगी, वह स्वर्णदेश के विकास पर खर्च की जाएगी। साथ ही राजा ने यह भी ऐलान किया कि वह अब सरकारी धन को अपनी पोशाक आदि पर खर्च नहीं करेगा। अब इस देश की प्रजा को तय करना है कि उसका राजा कैसे कपड़े पहने और खास कर विदेश यात्राओं के समय में वह किस तरह के कपड़े पहनकर देश का प्रतिनिधित्व करे।

विज्ञापन में वित्तमंत्री ने राजा के इस कदम की भूरि-भूरि सराहना की थी और कहा था कि अगर राजा अपनी प्रजा को विकास देने के लिए इस हद तक त्याग कर सकता है तो प्रजा का भी फर्ज है कि वह इस यज्ञ में बढ़-चढ़कर आहुति दे। इसलिए वह राजा की जरूरतों को पूरा करने के लिए एक नया कर लगा रहा है जो किसी भी तरह की उपभोग सामग्री की खरीद पर लिया जाएगा। प्रजा को इस कर के बारे में ज्यादा परेशान होने की जरूरत इसलिए भी नहीं है कि जब राजा अपने इस्तेमाल की चीजें नीलाम करेगा तो उससे प्राप्त धन वापस प्रजा के विकास पर ही खर्च किया जाएगा। इससे भी ज्यादा खुशी की बात यह है कि प्रजा को इस नीलामी में हिस्सा लेने की खुली छूट होगी।

नीचे राजा के इस्तेमाल में आई हुई वस्तुओं की सूची थी, जिसमें हजारों की संख्या में कपड़े, जूते, चप्पल, घड़ियाँ और कच्छा-बनियान आदि थे। यह भी बताया गया था कि राजा की गरिमा और सुरक्षा को सुनिश्चित करने के लिए राजा के इस्तेमाल में आई अनेक चीजें गुप्त

रखी गई हैं। वे भी बिक्री के लिए हैं पर उनकी खरीदारी की पात्रता सब लोग नहीं रख सकेंगे। उन गोपनीय वस्तुओं की खरीदारी के लिए कई चरणों में अपनी राष्ट्रभक्ति और राजा के प्रति भक्ति साबित करनी होगी। कुछ चीजों की बोली ऑनलाइन भी लगाई जा सकती थी तो कुछ चीजों की नीलामी देश की संसद में मौजूद देश के सबसे बड़े हॉल में की जानी थी। यह भी बताया गया था कि यह एक महान प्रयोग है जो सफल हुआ तो इसी रास्ते पर चलते हुए दूसरी भी बहुत सारी चीजों की नीलामी की जाएगी।

पूरे देश में राजा की जय-जयकार होने लगी। वे अखबार जो अभी तक राजा के दिन में पाँच बार कपड़े बदलने पर सवाल उठाया करते थे, उन्होंने भी माना कि राजा को समझने में उनसे चूक हुई। स्वर्णदेश के इतिहास में ऐसा त्यागी राजा पहले कभी नहीं हुआ। राजा ने देश के लिए अपना सब कुछ नीलाम कर एक ऐसा उदाहरण पेश किया है जो न सिर्फ अनोखा और कल्पनातीत है बल्कि इस महान यज्ञ में राजा का वह संकल्प पूरी ताकत के साथ दिखाई देता है जिसमें उसने इस राज्य को हमेशा के लिए बदल देने का बीड़ा उठाया था।

मीडिया दिन-रात राजा के गुणगान में जुटा हुआ था। टीवी चैनल और समाचार-पत्र यह भी दिखा और बता रहे थे कि राजा के इस कदम ने उसे न सिर्फ स्वर्णदेश बल्कि दुनिया भर के सम्मानित और शीर्ष नेताओं में जगह दिला दी है। राजा के इस त्याग भरे अवदान से राज्य को विदेश-नीति के मोर्चे पर भी भारी सफलता हासिल हुई है। विदेशमंत्री ने बताया कि दुनिया के सभी देश स्वर्णदेश की तरफ देख रहे हैं और उससे दोस्ती के लिए लालायित हैं। कुछ देशों ने तो यह भी गुहार लगाई है कि उन्हें भी नीलामी में हिस्सा लेने दिया जाए ताकि वह भी स्वर्णदेश के नवनिर्माण में अपना बहुमूल्य योगदान दे सकें।

राजा ने नीलामी में शामिल होने के लिए इच्छुक विदेशी लोगों और कम्पनियों का जी खोलकर स्वागत किया। इस अवसर पर देश के नाम अपने सन्देश में राजा ने कहा, 'अगर हमारे विदेशी मित्र इस पवित्र नीलामी

यज्ञ में हिस्सा लेना चाहते हैं तो हम उनका स्वागत करते हैं और इस अवसर पर ऐलान करते हैं कि मेरे द्वारा इस्तेमाल की गई किसी भी वस्तु को खरीदते ही वे इस देश के नागरिक माने जाएँगे। चूँकि वे पहले से ही किसी और देश के भी नागरिक होंगे इसलिए मैं यह भी ऐलान करता हूँ कि जहाँ उनका लाभ स्वर्णदेश के कानूनों से हो रहा होगा, वहाँ उन पर स्वर्णदेश के कानून लागू होंगे और जहाँ उनका लाभ उनके अपने देश के कानूनों से होगा, वहाँ वह स्वर्णदेश की कानूनी बाध्यताओं से मुक्त होंगे।

'हमारे अपने देश की कम्पनियों और नीलामी में हिस्सा लेने वाले लोगों—जोकि मेरे बहुत ही अपने हैं—को कोई पक्षपात न लगे, इसलिए मैं यह भी ऐलान करता हूँ कि वे भी अपनी मर्जी का कोई एक देश चुन लें जहाँ का कानून उन पर लागू किया जा सके। दुनिया को पता चलना चाहिए कि हम भी किसी से कम ग्लोबल नहीं हैं।

'इसी तरह से हम अखबार और मीडिया हाउसों को भी राष्ट्र-निर्माण के इस पवित्र यज्ञ में शामिल होने का निमंत्रण देते हैं। जो भी अखबार या चैनल इस अभियान में शामिल होंगे, उनको मिलनेवाला सरकारी विज्ञापन दुगुना कर दिया जाएगा।'

इसी तरीके से देश के सभी लोगों को इस यज्ञ में आहुति देने का निमंत्रण दिया गया। चूँकि यह यज्ञ था इसलिए इसमें सभी तरह के अपराधियों को भी न्योता गया ताकि इसमें आहुति देकर वे अपने पापों से मुक्त हो सकें और फिर देश-निर्माण की मुख्यधारा में शामिल हो सकें। इसमें कई कानूनी अड़चनें सामने आ रही थीं इसलिए तत्काल प्रभाव से उन कानूनों को बदल दिया गया जो स्वर्णदेश के नवनिर्माण की इस योजना में बाधक सिद्ध हो रहे थे।

यह तो शुरुआत भर थी। वे लोग जो स्वर्णदेश से प्यार करते थे, इस यज्ञ में शामिल होने के लिए पागल हुए जा रहे थे। जैसे ही ऑनलाइन नीलामी के लिए पंजीकरण शुरू किया गया, एक साथ इतने लोग आ गए कि नेट का सर्वर ही ठप्प पड़ गया। तब राजा ने अपने प्रिय धन्ना सेठ को निर्देश दिया कि हफ्ते भर में वह एक ऐसा सॉफ्टवेयर विकसित

करवाए जिस पर बिना रुके चौबीसों घंटे नीलामी की जा सके।

कमाल की बात थी कि धन्ना सेठ ने दो दिन में ही यह काम कर दिखाया। राजा उसकी राष्ट्रभक्ति से बहुत प्रसन्न हुआ। उसने ऐलान किया कि हर नीलामी का दस फीसदी प्रिय धन्ना सेठ को जाएगा क्योंकि अगर वह यह सॉफ्टवेयर न विकसित करवाता तो यह नीलामी कभी न सम्भव हो पाती।

इस पर दूसरे तमाम धन्नासेठों ने एतराज जताया और कहा कि उन्हें भी स्वर्णदेश के नवनिर्माण में हिस्सा लेने दिया जाए।

तब राजा ने उन्हें आश्वासन दिया कि अगली परियोजनाओं में उनका ध्यान रखा जाएगा और उनके लिए कुछ नई नीलामी परियोजनाएँ शुरू की जाएँगी।

दोबारा नीलामी शुरू हुई तो देश-भर में जैसे आग लग गई। लोग राजा के इस्तेमाल में आई हुई चीजें खरीदने के लिए पागल हुए जा रहे थे। शान्ति एवं व्यवस्था बनाये रखने के लिए पुलिस को कई जगहों पर लाठियाँ चलानी पड़ीं। पहले ही दिन इस यज्ञ में करीब सौ लोगों ने अपनी बलि दी। कई जगहों पर सेना बुलानी पड़ी तब कहीं मुश्किल से शान्ति सम्भव हो पाई।

उधर स्वर्णदेश के नवनिर्माण में शामिल होने को लालायित विदेशियों ने गुहार लगाई कि उनके लिए अलग से नीलामी की व्यवस्था की जाए।

राजा ने तुरन्त उनके लिए अलग से व्यवस्था की।

यह देखकर अनेक देशभक्त लोगों ने तुरन्त स्वर्णदेश की नागरिकता का त्याग कर विदेशी नागरिकता लेने का फैसला किया। उन्होंने कहा कि नागरिकता त्याग देने के बावजूद स्वर्णदेश उनके दिलों में चमकता है। यह इससे भी साबित होता है कि देश की नागरिकता उन्होंने छोड़ी ही इसलिए है कि वह देश के विकास के इस पवित्र यज्ञ में हिस्सा ले सकें।

इन लोगों की कोई गलती नहीं थी। हर कोई इस यज्ञ में शामिल होना चाहता था। कैदियों ने लाखों की संख्या में पैरोल या जमानत के लिए आग्रह किया ताकि वह इस नीलामी में हिस्सा ले सकें।

उनके इस आग्रह को तुरन्त स्वीकार किया गया। बल्कि स्वर्णदेश के नवनिर्माण में शामिल होने की उनकी ललक को देखते हुए उनमें से ज्यादातर की सजा माफ कर दी गई।

जिनके अपराध के बारे में अभी तक कोई फैसला नहीं हो पाया था, उन्हें यह कहकर बाइज्जत बरी कर दिया गया कि अपने देश से इतना प्रेम करनेवाला व्यक्ति कोई अपराध कर ही नहीं सकता। और अगर उनसे कोई अपराध हुआ भी है तो जाहिर है कि यह अनजाने में हुआ है। बेवजह गिरफ्तार और आरोपित होकर मानसिक तौर पर वह पहले ही बहुत कड़ी सजा भुगत चुके हैं। यह समझना किसी के लिए भी मुश्किल नहीं होना चाहिए कि इन निर्दोष आत्माओं पर उस दौरान क्या बीती होगी। अनजाने में हुए अपराध के लिए न्यायालय कोई सजा नहीं दे सकता इसलिए उन्हें रिहा किया जाता है।

कुल मिलाकर हुआ यह कि नीलामी शुरू हुई तो राजा के पिछले कई सालों से इस्तेमाल में आई हुई चीजें दिन भर में ही समाप्त हो गईं। जो इस यज्ञ में आहुति देने और बदले में प्रसाद पाने में सफल रहे, वे उल्लास में भरकर घर वापस लौटे। उनके यहाँ दीपोत्सव मनाया गया। अनेक लोगों ने इस खुशी में सार्वजनिक भोज का आयोजन किया जिसमें पानी की जगह मदिरा पीना अनिवार्य था। खुशी के मारे उनकी नींदें उड़ गईं। देश के निर्माण में शामिल होने का खुमार उनकी आँखों में छा गया। नीलामी से प्राप्त बिल और राजा के इस्तेमाल में आई हुई वस्तु के खरीद-पत्र की कई-कई प्रतिलिपि बनवाकर उसे लैमिनेट करवा लिया गया।

आनेवाले दिनों में किसी भी मुश्किल में फँसने पर यह सबसे ज्यादा काम आया। इस खरीद-पत्र का धारक बिना किसी जाँच के किसी भी तरह के आरोपों से मुक्त माना गया। जिन्हें नीलामी में कोई भी वस्तु खरीद पाने में कामयाबी नहीं मिली थी, वे अपने को दोयम दर्जे का नागरिक महसूस कर रहे थे और जल्दी से जल्दी इस दोयम दर्जे से मुक्ति पाना चाहते थे। इसलिए वे सड़कों पर उतर आए थे और तोड़-फोड़ पर उतारू थे।

उनकी माँग थी कि नीलामी की यह प्रक्रिया हमेशा चलती रहे।

स्वर्णदेश के नवनिर्माण का यह यज्ञ निरन्तर चलते रहना चाहिए। इसके रुकने का मतलब है कि देश का नवनिर्माण रुक गया है। सड़क पर उतरे हुए लोग इसे किसी हाल में रुकने नहीं देना चाहते थे इसलिए उन्होंने देश भर में जमकर तोड़-फोड़ की। आखिर पुराने को नष्ट किये बिना नया निर्माण किस तरह से सम्भव हो सकता था?

राजा इन लोगों का देशप्रेम देखकर बहुत खुश हुआ और उसने ऐलान किया कि नीलामी में ज्यादा से ज्यादा लोग शामिल हो सकें, इसलिए वह दिन में कम-से-कम दस बार कपड़े बदलने की कोशिश करेगा।

वहीं दूसरी तरफ बहुत सारे ऐसे भी मूढ़ लोग थे जिन्हें नीलामी और देश के नवनिर्माण के बीच कोई कनेक्शन समझ में ही नहीं आ रहा था। वे दिन-भर अखबार पढ़ रहे थे। बदल-बदलकर चैनल देख रहे थे। यहाँ तक कि राजा के सभी सन्देश और वह पहले पेज वाला विज्ञापन—जहाँ से यह खेल शुरू हुआ था—उन्हें जबानी याद हो गए थे। वे अक्सर उन्हें मंत्र की तरह बुदबुदाते और उसमें कोई अर्थ ढूँढ़ने की कोशिश करते जो उन्हें कहीं नहीं मिल रहा था। तब वे विशेषज्ञों और बुद्धिजीवियों के पास जाते जिनकी इस देश में वैसे भी कोई कमी नहीं थी।

बुद्धिजीवी उन्हें समझाने की बजाय उनके कंधे पर चढ़ बैठते और कहते कि उन्हें समझाने का इससे बेहतर तरीका नहीं आता। विशेषज्ञों की तो भाषा ही किसी को समझ में न आती। लोग किसी तरीके से वहाँ से निकल भागते और किसी नई जगह दस्तक देते, जहाँ से उन्हें यह सब समझ पाने की जरा भी उम्मीद होती। ये लोग देश की सुरक्षा एजेंसियों के रडार पर डाल दिये गए। इनकी नासमझी यह नहीं थी कि ये इस नीलामी यज्ञ को नहीं समझ पा रहे थे। इनकी नासमझी यह थी कि इन्होंने अपने राजा पर भरोसा नहीं किया था। अगर राजा ने कहा कि नीलामी से देश का नवनिर्माण होगा तो यह भरोसा करने की बात थी। इसमें भला सोचने-समझने की क्या बात थी?

ऐसा नहीं था कि ऐसे लोग नहीं थे जो इन्हें सब कुछ सही-सही समझा नहीं सकते थे। ऐसे लोग थे और बड़ी संख्या में थे। राजा खुद

यह बात जानता था इसलिए उसने तमाम मीडिया को निर्देश दे रखा था कि वे ऐसे लोगों द्वारा कहे गए एक भी शब्द को अपने भीतर जगह न दें। ऊपर से इन बुद्धिजीवियों की समस्या भी भयानक थी। ये सब कुछ जानते थे। दुनिया की गूढ़ से गूढ़ बातें इनके लिए बच्चों की पहेलियाँ थीं पर इनकी मुश्किल यह थी कि वह भाषा ही भूल गए थे जिनमें कि ये पैदा हुए थे।

इसलिए जब भी वे कुछ समझाने की कोशिश करते या कि देश की समस्याओं पर बड़े-बड़े पर्चे और किताबें लिखते तो यह सब कुछ जिनके बारे में होता, वे इन्हें बस मुलुर-मुलुर ताकते रह जाते। कई बार वे इनकी बलैयाँ लेना चाहते कि ये बेचारे हमारे लिए कितना परेशान रहते हैं पर इनकी बात तब भी उन्हें समझ में नहीं आ रही होती। बाद के दिनों में तो यह बात सबसे अच्छे तरीके से राजा ने ही समझी। वह उन किताबों को पढ़ता और हँसता जिनमें उसका विरोध किया गया होता। कई बार तो उसे उन किताबों के लेखकों पर इतना प्यार आता कि वह उन्हें सम्मानित ही कर डालता और उनसे अनुरोध करता कि अपनी अगली किताब का विमोचन राजा से ही कराएँ।

खैर, और भी बहुत सारे लोग थे जो इस नीलामी से दूर ही रहे। उनमें से ज्यादातर तक तो यह बात पहुँच ही नहीं पाई। उन तक अगर ये बातें किसी तरह से पहुँचा भी दी जातीं तो वे 'ऑनलाइन' जैसे शब्दों पर ही अटक जाते। वे रेल लाइन जानते थे जो उनके तब काम आती थी जब वे इस देश-दुनिया से इस हद तक निराश हो जाते थे कि एक-एक साँस उन्हें भारी लगने लगती थी। उन्होंने एक और लाइन के बारे में सुन रखा था और कुछ ने तो देखा भी था जो खंभों पर लटके हुए तारों से आती थी और रोशनी देती थी। कई बार यह घरों में तो रोशनी न दे पाती पर खलिहान जरूर रौशन हो जाते। ये लोग जिस लाइन को सबसे ज्यादा जानते थे, वह सस्ते राशन या मिट्टी के तेल या ऐसे ही दूसरी तमाम चीजों की लाइन थी जो बहुधा किसी खिड़की के बाहर लगा करती थी और जब तक इनका नंबर आता, खिड़की बन्द हो जाती थी।

राजा अक्सर इन लोगों के बारे में सोचता और भावुक हो जाता। वह दिल से इन लोगों का भला चाहता था पर वह क्या कर सकता था जब ये लोग खुद ही अपना भला नहीं चाहते थे? राजा ने इन लोगों के मसले पर एक कमेटी बनाई थी जिसने राजा को सलाह दी थी कि इन लोगों को सभ्य और आधुनिक बनाने के लिए सैकड़ों साल तक चलनेवाली परियोजना पर काम करना पड़ेगा। उस परियोजना से इन्हें कष्ट तो होगा पर इस कष्ट की तुलना किसी डॉक्टर द्वारा अपने मरीज को दिये गए उस कष्ट से की जानी चाहिए जो वह अपने मरीज को स्वस्थ करने के लिए देता है।

विशेषज्ञों ने राजा से सिफारिश की थी कि इन लोगों का जीवन इतना कठिन बना दिया जाए कि राहत की तलाश में ये शहरों की तरफ निकलें। खेती असम्भव बना दी जाए। स्थानीय स्तर पर रोजगारों को समाप्त किया जाए। इनकी जमीनें छीन ली जाएँ। इनके घर उजाड़ दिये जाएँ। इनकी स्त्रियों का बलात्कार किया जाए। इनके साथ हर वह काम किया जाए कि ये अपनी जगह छोड़कर शहरों की तरफ भागें। विस्थापन में ही विकास छुपा हुआ है, यह बात प्राचीन काल से आधुनिक काल तक के तमाम उदाहरणों से समझी जा सकती है।

जब तक ये अपनी जगह से विस्थापित नहीं होंगे तब तक आधुनिक रहन-सहन, सोच-विचार और देश-प्रेम आदि को कैसे समझ पाएँगे? बल्कि बेहतर तो यह है कि इन्हें कुछ समय तक सभ्य लोगों के बीच सेवक की तरह रखा जाए जिससे कि ये सभ्य दुनिया के तकाजे सीख सकें। यह इसलिए भी जरूरी है कि नीलामी के माध्यम से देश और देश के बाहर के जो तमाम लोग स्वर्णदेश के नवनिर्माण की प्रक्रिया में हिस्सा लेना चाहते हैं, उन्हें बहुत सारे सेवकों की जरूरत पड़ने वाली है जो बिना किसी सवाल के दिन-रात आदेश का पालन कर सकें। इस तरह से ये लोग देश के नवनिर्माण की मुख्य धारा में भी शामिल हो सकेंगे।

राजा इस कमेटी की सलाहों पर गुप्तमंत्री के साथ कई दिनों तक मनन करता रहा। इस दौरान वह अपने ही देश के इन पीछे छूट गए लोगों के

लिए कई बार रोया। गुप्तमंत्री राजा को चुप कराते-कराते कई बार खुद ही रोने लगा पर आखिरकार दोनों एकमत हुए कि प्रजा की भलाई के लिए इस कमेटी की सभी सलाहों को सख्ती से लागू करना ही पड़ेगा। तभी जाकर इस नीलामी यज्ञ से देश का नवनिर्माण सम्भव हो पाएगा।

अगले दिन देश भर की मीडिया में राजा ने ऐलान किया कि स्वर्णदेश के नवनिर्माण के लिए शुरू की गई नीलामी परियोजना बड़े स्तर पर सफल हुई है। उससे जो राशि प्राप्त हुई है, वह गिनी जा रही है और उसमें अभी लम्बा समय लगनेवाला है; बल्कि सम्भव तो यह है कि आखिरकार उस राशि को सही-सही गिन पाना कभी सम्भव ही न हो पाए क्योंकि नीलामी की प्रक्रिया निरन्तर चलने वाली है। राजा ने प्रजा को धन्यवाद दिया और कहा कि जिन लोगों ने इस यज्ञ में हिस्सा लिया है, उन्हें सभी सरकारी योजनाओं या नौकरियों आदि में प्राथमिकता दी जाएगी। लेकिन जो लोग इस यज्ञ से जान-बूझकर दूर रहे हैं, उन पर नजर रखी जाएगी।

पूरी सम्भावना है कि उनके सम्बन्ध शत्रु देशों से हों या कि विदेशी विचारों ने उनके दिमागों को हमेशा के लिए अपसंस्कृति से भर दिया हो! यह यज्ञ सफल हो सके, इसके लिए जरूरी है कि देश के सभी लोग किसी भी तरह के पूर्वग्रह से मुक्त होकर इसमें शामिल हों। जो नहीं शामिल होंगे, उन्हें हम जबरदस्ती शामिल करेंगे, पर स्वर्णदेश का नवनिर्माण करके ही रहेंगे।

राजा की यह घोषणा सुनकर मीडिया कई दिनों तक ताली की तरह बजता रहा। इस तरह से राजा थोड़ा और बहरा हुआ। राजा के बहरेपन की कथा कभी और कही जाएगी।

बेरोजगारी समाप्त करने के रामबाण उपाय

स्वर्णदेश का राजा हमेशा यह जानने को उत्सुक रहा करता था कि उसके देश की प्रमुख समस्याएँ क्या हैं। यही नहीं, वह उन्हें हमेशा के लिए समाप्त करने की कोशिश में भी निरन्तर लगा रहता था। इसलिए इसमें अचरज की कोई बात नहीं कि एक दिन राजा ने पाया कि सभी प्रमुख समस्याएँ समाप्त हो गई हैं। राजा बहुत खुश हुआ कि जो काम पिछले बहुत सारे राजा मिलकर भी नहीं कर पाए थे, उसने वह सारा काम बहुत ही कम समय में कर दिखाया है। उसने ऐलान किया कि पूरे राज्य में उत्सव मनाया जाए। प्रजा को भी पता चलना चाहिए कि उसकी सभी समस्याएँ हमेशा के लिए समाप्त हो गई हैं। अब वह चैन से रहे और सुख में डूब जाए।

प्रजा अपने राजा से बहुत प्रेम करती थी और उसका कहना मानती थी। इसलिए अभी उत्सव मनाने के टेंडर भी नहीं निकाले गए थे कि प्रजा सुख में डूब गई। प्रजा के पास डूबने के अनेक अनुभव थे। अभी थोड़े समय पहले तक वह भुखमरी, गरीबी सहित न जाने कितनी समस्याओं में डूबी हुई थी। अब जब राजा ने समस्याओं के हमेशा के लिए समाप्त हो जाने का ऐलान किया तो वह खुशी के सागर में गोते लगाने लगी। यह अलग बात है कि अनेक लोग जब खुशी के सागर में कूदे तो पानी कम होने की वजह से उनके सिर तलहटी के पत्थरों से जा टकराए। वे वहीं पर चकनाचूर हो गए। उन्होंने पत्थरों को जकड़ लिया और ऊपर

आने से इनकार कर दिया। वे अपने देशवासियों की खुशी और उत्सव में कोई खलल नहीं डालना चाहते थे। देश खुशी और रोशनी में इस तरह डूब गया था कि उसकी रोशनी आसमान में अलग से दिखाई पड़ती थी। इस उत्सव से पैदा हुई ऊर्जा प्रकाश की सौ गुना गति से पूरी दुनिया में फैल रही थी।

इस सबके बावजूद स्वर्णदेश का राजा उदासी में डूबा हुआ था। वह बहुत कर्मठ था और हमेशा काम में डूबा रहना चाहता था। वह बेचैन रहता कि उसे देश की कोई समस्या तो पता चले। समस्याओं को जानने के लिए वह दिन-रात खबरों वाले चैनल देखता रहता। अखबार पढ़ते हुए उसकी आँखें भारी हो जातीं, पर कहीं कोई समस्या ढूँढ़े से भी न मिलती। वह बेचैन हो उठा। उसका खाना-पानी बन्द हो गया। वजन गिरने लगा। चेहरे पर झुर्रियाँ पड़ने लगीं। इस वजह से उसने अपने-आपको राजभवन में कैद कर लिया। वह नहीं चाहता था कि किसी को यह पता चले कि स्वर्णदेश के राजा को झुर्रियाँ पड़ती हैं और इस वजह से स्वर्णदेश की प्रतिष्ठा पर कोई आँच आए। अचानक से उसे अपने गुप्तमंत्री की बड़ी याद आई।

याद आनी भर थी कि गुप्तमंत्री प्रकट हो गया। राजा ने उसके सिर पर हाथ फेरते हुए कहा, 'तुम बहुत ही दुष्ट हो। कायदे से खुद को याद भी नहीं करने देते।'

गुप्तमंत्री राजा की इस बात पर शरमाते हुए मुस्कुराया। उसकी मुस्कान इतनी मनमोहक थी कि राजा की आधी उदासी तत्काल समाप्त हो गई। इसके बाद उसने राजा की बाकी बची आधी उदासी के बारे में पूछा।

राजा अब तक हल्के-फुल्के मूड में आ गया था। उसने कहा, 'अन्दाजा लगाओ। शर्त यह है कि प्रत्येक गलत अन्दाजे पर मैं पाँच मिनट तक तुम्हें गुदगुदी करूँगा।'

यह राजा का मनपसन्द खेल था जिसमें गुप्तमंत्री को भी असीमित सुख मिलता था। यह अलग बात है कि वह राजा से कई बार मुस्कुराते हुए कह चुका था कि उसे राजा की यह आदत जरा भी पसन्द नहीं है।

गुप्तमंत्री बहुत देर तक अन्दाजा लगाता रहा। राजा बहुत देर तक गुदगुदी करता रहा। उनकी हँसी से महल की दीवारें भी हँसने लगीं। उनकी हँसी की तरंगें पूरे स्वर्णदेश में फैल गईं। प्रजा बहुत खुश हुई कि उनकी खुशी से राजा भी खुश है और हँस रहा है। प्रजा जो भी सोचे, पर जब इस गुदगुदे खेल से राजा और गुप्तमंत्री, दोनों थक गए तो राजा के माथे का पसीना पोंछते हुए गुप्तमंत्री ने कहा, 'अब बस करें हुजूर! यह आपकी कृपा है कि कभी-कभी आपके मन की बातें समझ लेता हूँ पर आज नहीं समझ पा रहा हूँ। मैं आखिर आपका दास ही हूँ। कितनी भी कोशिश क्यों न कर लूँ, पर आपकी मर्जी के बिना आपके भीतर की बात का अन्दाजा कैसे लगा सकता हूँ? मेरा इम्तहान न लें हुजूर!'

राजा की मुस्कान से ही गुप्तमंत्री समझ गया कि वह इम्तहान में पास हो गया है। राजा उसकी विनम्रता से बहुत खुश हुआ। उसने गुप्तमंत्री को गले से लगाया और कहा कि वह राजा का दास नहीं बल्कि बहुत ही प्यारा मित्र है जिसके साथ राजा अपने हृदय के भेद साझा किया करता है।

तब गुप्तमंत्री ने अनुरोध किया, 'अगर आप मुझे मित्र मानते हैं तो अपने हृदय का वह भेद मुझसे कहिए जिसने आपको परेशान कर रखा है। मैं भले ही हँसता दिख रहा हूँ पर आपकी परेशानी ने मेरे हृदय को दुखी कर रखा है। मेरा हृदय धड़कना भूल चुका है।'

और तब राजा ने गुप्तमंत्री के हृदय पर सिर रखकर अपने मन की बात उससे कही।

राजा ने कहा, 'हे गुप्तमंत्री, मैंने इस बीच जोड़कर देखा कि स्वर्णदेश की प्रमुख सौ समस्याओं की जो सूची हमने बनाई थी, वे सारी समस्याएँ हमेशा के लिए समाप्त हो गई हैं। मैं खाली हो गया हूँ। भीतर से खाली हो गया हूँ। मैं बिना काम के रह ही नहीं सकता। मैं हमेशा अपनी प्यारी प्रजा के लिए काम करते रहना चाहता हूँ जिसे मैं तुमसे भी ज्यादा प्यार करता हूँ। पर मुझे समझ में नहीं आ रहा है कि अब मैं कौन-सा काम करूँ? प्रजा की कौन-सी ऐसी समस्या है जो अब भी बची हुई है, जिसे मैं दूर करूँ? मुझे समस्याएँ चाहिए गुप्तमंत्री। मैं उन्हें हल करना चाहता हूँ।

मुझे बहुत सारी समस्याएँ चाहिए। समस्याएँ न होंगी तो मैं मर जाऊँगा...'

गुप्तमंत्री राजा की बातें सुनकर विह्वल हो गया। इसके पहले कि राजा अपना वाक्य पूरा कर पाता, उसने राजा के मुँह को अपने हाथों से ढक लिया। गुप्तमंत्री ने कहा, 'ऐसा न कहें स्वामी! हम नई समस्याओं का पता लगाएँगे। मैं आज ही आपके आदेश से एक समस्या आयोग के गठन का ऐलान करता हूँ जो छह महीने के भीतर इस बात का पता लगाएगा कि स्वर्णदेश की एकसौएकवीं सबसे बड़ी समस्या क्या है। मुझे पूरा भरोसा है कि आयोग किसी-न-किसी समस्या के बारे में पता लगा ही लेगा।'

'और अगर नहीं लगा पाया तो?' राजा ने मासूमियत से पूछा।

'तो हम नई समस्याएँ पैदा करेंगे पर आपको मरने नहीं देंगे। इस सम्बन्ध में देश-विदेश के पुराने राजाओं के अनुभव हमारे काम आएँगे। आप मुझे छह महीने का वक्त दें। तब तक मैं आपके लिए बहुत सारी समस्याएँ ढूँढ़ लूँगा। जान की अमान पाऊँ तो कहूँ कि आपमें एक बहुत बड़ी बुराई यह है कि आप स्वर्णदेश से बहुत प्रेम करते हैं। यह प्रेम ठीक है पर अब आपको पूरी दुनिया के दुखों को दूर करने के बारे में सोचना चाहिए। बाकी दुनिया के लोगों का भी हक है कि वह स्वर्णदेश के लोगों की तरह से सुखी हो सकें। आप उनकी सुधि नहीं लेंगे तो कौन लेगा? आपको और ज्यादा विदेश यात्राएँ करनी चाहिए जिससे आप दुनिया भर के लोगों की समस्याओं को समझ सकें।'

इसके बाद गुप्तमंत्री साँस लेने के लिए रुका। तीन-चार लम्बी-लम्बी साँसों और राजा के प्रेम और समर्थन से तरोताजा गुप्तमंत्री ने फिर से बोलना शुरू किया और कहा, 'मैं स्वर्णदेश की एकसौएकवीं समस्या जानने के लिए आपके आदेश से एक समस्या आयोग का गठन कर रहा हूँ। साथ में यह भी अनुरोध करता हूँ कि जब तक यह आयोग अपना काम करे तब तक आप इस दुनिया के दूसरे देशों की यात्रा पर निकल जाएँ। अगर ठीक समझें तो इस दास को भी अपने साथ ले चलें ताकि मैं भी दुनिया भर की समस्याओं को जान सकूँ। उससे भी ज्यादा जरूरी

बात यह कि अपने राजा के हर सुख-दुख का खयाल रख सकूँ। जिस पल भी आप चाहें, आपके काम आ सकूँ।'

राजा बहुत लोकतांत्रिक था। उसने एक बार भी टोके बिना गुप्तमंत्री की पूरी बात सुनी। इस दौरान उसने गुप्तमंत्री को गुदगुदी करने की अपनी तीव्र इच्छा को दबाए रखा। गुप्तमंत्री की बात पूरी होने के बाद उस पर कोई बन्दिश नहीं रह गई थी। सो उसने अपने मन की करते हुए कहा कि उसे गुप्तमंत्री के सभी सुझाव बहुत पसन्द आए हैं। गुप्तमंत्री इसीलिए उसे इतना प्रिय है क्योंकि वह कठिन से कठिन समस्याओं का सहज समाधान झट से पेश कर देता है। इसके बाद राजा ने गुप्तमंत्री से कहा कि वह राजा की विदेश-यात्रा का समुचित प्रबन्ध करे। साथ में खुद भी विदेश चलने की तैयारी करे। राजा ने गुप्तमंत्री को यह भी हिदायत दी कि वह समस्या आयोग के नियमित सम्पर्क में रहे ताकि आयोग अपना काम नियत समय में पूरा कर सके।

अगले छह महीने राजा निरन्तर भ्रमण पर रहा। इस दौरान वह दुनिया के अनेक देशों में घूमा और उनकी समस्याएँ निकट से जानीं और महसूस कीं। कहने की जरूरत नहीं कि गुप्तमंत्री इस पूरे समय राजा की परछाईं की तरह साथ लगा रहा। इस सब के बावजूद राजा का पहला प्रेम उसका अपना स्वर्णदेश ही था। इसलिए स्वर्णदेश की सुनहरी जमीन पर अभी राजा का विमान उतरा भी नहीं था कि उसने गुप्तमंत्री से कहा, 'समस्या आयोग के अध्यक्ष को तत्काल मेरे सामने हाजिर किया जाए। मैं बिना पल भर की देरी के जानना चाहता हूँ कि स्वर्णदेश की एकसौएकवीं सबसे बड़ी समस्या क्या है। मैं वह समस्या तुरन्त सुलझाना चाहता हूँ। इसके बाद कुछ दिनों तक मैं अन्तरराष्ट्रीय समस्याओं पर अपना ध्यान केन्द्रित करूँगा।'

समस्या आयोग का अध्यक्ष तत्काल राजा के सामने हाजिर किया गया। अध्यक्ष ने बताया कि वह अपने मित्र की पत्नी की बहन का

हालचाल लेने जा रहा था पर परमादरणीय राजाजी का आदेश पाते ही बिजली की गति से उनकी सेवा में उपस्थित हुआ है।

राजा के पास यह सब फालतू की बातें सुनने का समय नहीं था। उसने कहा कि समस्या बताओ। बताओ कि देश की एकसौएकवीं सबसे बड़ी समस्या कौन-सी है।

आयोग का अध्यक्ष हकलाने लगा। उसे राजा से इतनी जल्दबाजी की उम्मीद नहीं थी। वह अपनी बात कहने के पहले राजा की जी भर के चापलूसी करना चाहता था। वह अपने काम के महत्त्व और अपनी मेहनत के बारे में बताना चाहता था।

उसने गुप्तमंत्री की तरफ देखा। गुप्तमंत्री खुद राजा की ओर देख रहा था इसलिए उसे वहाँ से कोई सांत्वना या इशारा नहीं मिल पाया। और तब अचानक उसके मुँह से निकला, 'बेरोजगारी। हुजूर, स्वर्णदेश की एकसौएकवीं सबसे बड़ी समस्या बेरोजगारी है।'

राजा के मुँह से हवा निकली और वह बैठ गया। देर तक वह चुप रहा फिर उसने समस्या आयोग के अध्यक्ष से रिपोर्ट माँगी।

आयोग का अध्यक्ष घबरा गया। उसने कोई विस्तृत रिपोर्ट तैयार ही नहीं की थी। बस, एक छोटी-सी रिपोर्ट से काम चला लिया था जोकि बहुत ही कम मजदूरी पर उसके लिए एक बेरोजगार ने कम्प्यूटर की मदद से तैयार किया था।

गुप्तमंत्री यह बात पहले ही जानता था। उसने राजा से कहा, 'हुजूर, वह रिपोर्ट तो लाखों पृष्ठों की है। उतनी लम्बी रिपोर्ट आप पढ़ने बैठ जाएँगे तो देश का क्या होगा?' फिर उसने समस्या आयोग के अध्यक्ष की तरफ देखते हुए कहा, 'रिपोर्ट की फाइंडिंग्स तुरन्त प्रस्तुत करो।'

अध्यक्ष ने तत्काल आदेश का पालन किया। राजा फाइंडिंग्स पढ़ने में डूब गया। गुप्तमंत्री ने समस्या आयोग के अध्यक्ष को जाने का इशारा किया और खुद राजा के कुछ बोलने की प्रतीक्षा करने लगा। बड़ी देर बाद राजा ने ऊपर सिर उठाया। वह चिन्तित दिख रहा था। उसने बहुत दर्द के साथ गुप्तमंत्री की तरफ देखा।

राजा ने पूछा, 'गुप्तमंत्री, अगर इतने ज्यादा लोग बेरोजगार हैं तो फिर वे जिन्दा कैसे हैं? उनके खाने के लिए भोजन कहाँ से आता है? उनके पहनने के लिए कपड़े कहाँ से आते हैं? रिपोर्ट में कुछ-न-कुछ तो घपला है।'

गुप्तमंत्री तुरन्त बोल पड़ा, 'सही कह रहे हैं हुजूर! यह समस्या आयोग का अध्यक्ष काम तो बड़ी जिम्मेदारी से करता है पर इसमें एक बड़ी दिक्कत है, हुजूर! पहले यह वीर रस का बहुत बड़ा कवि रहा है। लग रहा है कि इसकी कविताई अभी गई नहीं। पूरी सम्भावना है कि इसने रिपोर्ट में अतिशयोक्ति अलंकार का प्रयोग किया हो! कवि है हुजूर, क्षमा करें उसे।'

इसके बाद गुप्तमंत्री ने राजा से अनुरोध किया कि वे रिपोर्ट पढ़ना बन्द कर दें।

गुप्तमंत्री आयोग के अध्यक्ष तथा अन्य सदस्यों के नियमित सम्पर्क में रहा है इसलिए उसे रिपोर्ट के बारे में सब कुछ पता है। वह खुद राजा के सामने इस रिपोर्ट को सही तरीके से प्रस्तुत करना चाहता है।

राजा ने मुस्कुराते हुए सहमति दी और कहा कि आराम के बाद वह गुप्तमंत्री से इस रिपोर्ट पर चर्चा करना पसन्द करेगा। अभी उसके आराम की समुचित देशी व्यवस्था की जाए। विदेशी तरीकों से आराम करते-करते वह थक चुका है।

गुप्तमंत्री तत्काल आदेश के पालन में जुट गया।

ऐसा ही कर्तव्यनिष्ठ था वह। राजा के देशी आराम के बाद गुप्तमंत्री राजा के आराम कक्ष में पुनः प्रकट हुआ और राजा की आज्ञा लेकर उसने अपनी बात शुरू की।

उसने कहा, 'हुजूर, स्वर्णदेश में कुल दस करोड़ तिहत्तर लाख एक सौ तेरह बेरोजगार हैं। पर ये सब एक तरह के बेरोजगार नहीं हैं बल्कि इनके बीच बहुत तरह की विविधताएँ हैं। जैसे बहुत सारे पढ़े-लिखे बेरोजगार हैं तो बहुत सारे अनपढ़ बेरोजगार हैं। कुछ जवान बेरोजगार हैं तो बहुत सारे अधेड़ और बूढ़े बेरोजगार भी हैं। विदेशी

भाषा बोलनेवाले बेरोजगार हैं तो देशी भाषा बोलनेवाले बेरोजगार भी हैं। बहुत सारे छोटे बेरोजगार हैं तो कुछ लम्बे बेरोजगार हैं। इसी तरह कुछ काले बेरोजगार हैं, कुछ गोरे बेरोजगार हैं। और सबसे आखिरी बात यह कि फुल पैंट पहनने वाले बेरोजगार हैं तो कुछ हाफ पैंट पहननेवाले भी बेरोजगार हैं।'

इसके बाद गुप्तमंत्री थोड़ी देर साँस लेने के लिए रुका और अपनी मशहूर साँस ली।

राजा ने उसे साँस लेते हुए शाबाशी के भाव से देखा और बात को आगे बढ़ाने का इशारा किया।

गुप्तमंत्री ने कहा, 'हुजूर, हमें हाफ पैंट पहननेवाले बेरोजगारों की तरफ सबसे पहले ध्यान देना होगा। वे बच्चों की तरह भोले हैं बल्कि यह कहना ठीक होगा कि वे बच्चों की तरह ही बुद्धि वाले हैं। उनके शरीर तो विकसित हुए पर उस अनुपात में दिमाग नहीं विकसित हो पाए। वे कमजोर हैं पर आपके प्रति परम निष्ठा रखते हैं। दोनों ही वजहों से हमें उन पर सबसे पहले ध्यान देना होगा।'

राजा गुप्तमंत्री की बात से खुश हुआ और उसने कहा, 'इन सबको समाज- परिवर्तन के कामों में लगाया जाए। इनके योगक्षेम की व्यवस्था स्वर्णदेश की तरफ से की जाए और इनका सात खून माफ समझा जाए।'

आगे राजा ने कहा, 'राज्य में यह ऐलान किया जाए कि जैसे मैंने सभी मुद्दों पर अपनी प्यारी प्रजा से बात की है, वैसे ही बेरोजगारी के मुद्दे पर भी बात करूँगा। अपनी प्रजा से बात करके मुझे सुख मिलता है। उसकी समस्याओं को दूर करके मुझे परमसुख मिलता है। जैसे मैंने अब तक स्वर्णदेश की सौ समस्याएँ हल की हैं, वैसे ही यह एकसौएकवीं समस्या भी हल करूँगा। बल्कि इसे हल करने की तो मुझे बहुत ही जल्दी है जिससे कि मैं निश्चिन्त होकर अन्तरराष्ट्रीय समस्याओं पर अपना ध्यान केन्द्रित कर सकूँ। मुझे अपने प्यारे स्वर्णदेश को फिर से वह देश बनाना है जब वह पूरी दुनिया को दिशा देता था। गुप्तमंत्री, काश, तुम समझ सकते कि मुझे इस बात की कितनी जल्दी है!

'और हाँ, प्यारी प्रजा से बात करने के पहले सभी धन्ना सेठों से मेरी मुलाकात कराई जाए। इस गम्भीर मसले पर उन सबकी राय बहुत जरूरी होगी। मैं जानता हूँ कि उन सबका समय बहुत कीमती है। वे स्वर्णदेश के हित में दिन-रात व्यस्त रहते हैं। ऐसे में अगर वे मिलने न आ सकें तो उन पर कोई अवांछित दबाव न डाला जाए। मैं खुद जाकर उनसे मिलूँगा। मेरे लिए मेरा स्वर्णदेश सबसे पहले आता है। इसके लिए मैं किसी भी तरह का प्रोटोकाल तोड़ने के लिए तैयार हूँ।'

इसके बाद राजा ने गुप्तमंत्री से कहा, 'अब तुम जाओ और सभी बातों की तत्काल व्यवस्था करो।'

गुप्तमंत्री ने राजा का गुप्तविधि से अभिवादन किया और राजा के एकांत से बाहर आ गया।

अगले कुछ महीनों तक धन्ना सेठों तथा अन्य प्रमुख सलाहकारों के साथ बातचीत में राजा व्यस्त रहा। इसके लिए उसे अनेक यात्राएँ करनी पड़ीं। दुनिया भर के हालात पर गुप्तमंत्री के साथ मनन-चिन्तन करना पड़ा। और तब जाकर राजा इस बात के लिए पूरी तरह से तैयार था कि अब प्रजा से सीधे बात की जाए।

प्रजा को सम्बोधित करते हुए राजा ने कहा, 'मैं हमेशा की तरह आपके बीच उपस्थित हूँ। अब तक आप जान चुके होंगे कि मैं उन राजाओं की तरह नहीं हूँ जो बस, मीठी-मीठी बातें करते हैं। मैं आपसे कड़वी बातें भी करूँगा। हो सकता है, आपको अभी वे बातें अच्छी न लगें पर स्वर्णदेश के हित में और आपके हित में यह बहुत जरूरी है। आप मेरे अपने हैं इसलिए मैं आपसे कोई भी बात कहने में डरूँगा नहीं, बल्कि जरूरत पड़ी तो आपके कान भी खींचूँगा।

'तो सुनिए! असली बात यह है कि बेरोजगारी कोई समस्या है ही नहीं। यह काहिली के संस्कार हैं जो आपको बताते हैं कि आप बेरोजगार हैं। एक बार जैसे ही आप इससे मुक्त होंगे, वैसे ही यह समस्या हमेशा के

लिए समाप्त हो जाएगी। मैंने अब तक जानबूझकर इस समस्या में हाथ नहीं लगाया था। यह तो अवसर है अपना मनचाहा काम करने का। मेरा आपसे निवेदन है कि आपमें से जो समर्थ हैं, तेजस्वी हैं, प्रतिभाशाली हैं, वे अपना मनचाहा काम शुरू करें। साथ में मैं आपको यह भी दायित्व देना चाहता हूँ कि आप उन्हें भी रोजगार दें जो कमजोर हैं, जो आपकी तरह प्रतिभाशाली नहीं हैं।

'मैं जानता हूँ कि आपके रास्ते में बहुत सारी बाधाएँ आएँगी। बहुत सारे लोग आपका रास्ता रोकेंगे। आपके दृढ़ निश्चय की परीक्षा लेने के लिए मैं खुद बार-बार आपका रास्ता रोकूँगा। इससे आपको डगमगाना नहीं है। आप जानते हैं कि मैं जो कुछ भी करूँगा, आपके भले के लिए ही करूँगा। मैं अब आपको अनेक उपाय बताता हूँ जिनसे आप अपनी बेरोजगारी दूर कर सकते हैं। लेकिन इसके पहले मैं आपको बता देना चाहता हूँ कि सरकारी नौकरियों में कुछ भी नहीं रखा। अरे, अब तो पेंशन भी नहीं मिलती! जो थोड़ी-बहुत पारिवारिक सुरक्षा थी, वह भी मैं बहुत जल्दी समाप्त कर रहा हूँ।

'षड्यंत्रकारी ताकतें चाहे जो कहें, पर मैं समता का सबसे बड़ा समर्थक हूँ। मैं जल्दी ही नौकरीपेशा लोगों को भी आपके साथ खड़ा देखना चाहता हूँ। इससे उनमें एकता की भावना और भी बलवान होगी जिसने हमारे विशाल स्वर्णदेश को एकसूत्र में बाँध रखा है। इसी तरह से निजी कम्पनियों की नौकरी भी धोखा ही है। आप जानते ही हैं कि मेरी कड़ाई की वजह से अनेक कम्पनियाँ दिवालिया हो रही हैं और वे स्वर्णदेश छोड़कर दूसरे देशों की तरफ पलायन कर रही हैं। पर हम उनको छोड़ेंगे नहीं। अभी कुछ साल हम उनको प्यार से समझाएँगे। अगर वे नहीं समझते हैं तो उन पर कड़ी कार्रवाई की जाएगी। पर यह सब तो बाद की बात है।

'अभी तो आर्थिक मंदी अलग से मुँह बाये खड़ी है। मंदी आएगी और एक झटके में निजी कम्पनियों में काम कर रहे लोग बेरोजगार हो जाएँगे। ऐसी नौकरी किस काम की? आप जानते ही हैं कि मैंने ये स्थितियाँ

जानबूझकर खड़ी कीं कि मंदी आए, जिससे मैं आपको ये सब बातें समझा सकूँ। मंदी दूर से देखने में खराब बात लगती है पर मेरे नजरिये से देखो तो यह समानता ले आती है। और आप कभी नहीं जान पाएँगे कि मैं समानता का कितना बड़ा पुजारी हूँ। मैं बचपन से ही समानता लाना चाहता था। इसीलिए मैं आपका राजा बना।

'अब मैं आपको वह बहुत सारे उपाय बताता हूँ जिससे यह समस्या हमेशा के लिए दूर हो जानेवाली है। आपको बहुरुपिया कला को पुनर्जीवित करना चाहिए। खुद मैं बचपन से ही बहुरुपिया बनना चाहता था। बल्कि आप ध्यान से देखेंगे तो जानेंगे कि मेरे राजा बनने में इस कला का अद्‍भुत योगदान है। अभी भी मैं इस कला के प्रदर्शन का कोई मौका नहीं छोड़ता। तो आप बताइए कि जिस कला से कोई इतने विशाल स्वर्णदेश का राजा बन सकता है, क्या वह कला आपकी बेरोजगारी भी नहीं दूर कर सकती? जरूर कर सकती है।

'अचार बनाना और बेचना भी बहुत ही महत्त्वपूर्ण कला है जो आपकी बेरोजगारी दूर कर सकती है। बस, आपको यह पता होना चाहिए कि आपको किन चीजों का अचार बनाना है, कितने दिनों तक उसे सड़ने देना है, उसमें कितना नमक-मिर्च मिलाना है और इससे भी आगे की बात यह कि उसे कैसे बेचना है और कहाँ बेचना है। अगर आपको बेचना आता हो तो आप कभी बेरोजगार नहीं हो सकते। इस देश में बेचने के लिए इतनी चीजें हैं कि आपकी उम्र कम पड़ जाएगी। मैं आपकी बेरोजगारी दूर करने के लिए हमारे विश्वविद्यालयों में अचार बनाने और बेचने की कला पर नये सत्र से एक नये विषय की घोषणा करता हूँ।

'इसी तरह से पकौड़े तलना भी एक शानदार काम है जिससे बेरोजगारी दूर हो सकती है। बस, आपको सही तरीके से पकौड़े तलना आना चाहिए। और जाहिर है कि इसकी समझ तो होनी ही चाहिए कि कब किस चीज के पकौड़े तले जाएँ और किस तरह के तेल में तले जाएँ। आप अगर हमारे खबरिया चैनलों को देखेंगे तो इस बात को भली प्रकार से समझेंगे। इसे और अच्छे से समझने के लिए मेरे पुराने भाषण

भी सुने जा सकते हैं। इसी वजह से मैं इस मुद्दे पर किसी नये पाठ्यक्रम की घोषणा नहीं कर रहा हूँ।

'मेरी प्यारी प्रजा, मुश्किल यह है कि आजकल सारी चीजों की परिभाषाओं के साथ तोड़-फोड़ की जा रही है। इस समय कुछ लोग स्त्रियों को भी बेरोजगार कह रहे हैं। स्वर्णदेश में स्त्रियाँ कभी बेरोजगार नहीं रहीं। हो भी नहीं सकती हैं। बल्कि उन्हें ज्यादा बड़ी जिम्मेदारी निभानी है। देश-दुनिया के जो हालात चल रहे हैं, उसमें तीसरा महाभारत कब शुरू हो जाए, कौन जानता है! तब कौन देश जीतेगा उसमें? जीतेगा वह जिसके पास सबसे ज्यादा लोग होंगे। और मान लीजिए, कोई दूसरा ही जीत गया तब भी दुनिया भर में जो तबाही मचेगी, उसमें कितने लोग जीवित रह पाएँगे? दुनिया भर में पुरुषों की माँग बढ़ेगी। हमारे सामने यह सुनहरा मौका होगा कि हम दुनिया भर में अपनी संस्कृति और अपने धर्म का प्रचार-प्रसार करें। अगर हम ऐसा कर पाए तो पूरी दुनिया में हमारा राज होगा।

'हमारी संस्कृति और हमारे धर्म का यह राज किसके दम पर सम्भव होगा? यह हमारी स्त्रियों के दम पर सम्भव होगा। हमारी माताएँ इसे सम्भव बनाएँगी। तो माताओ और बहनो, आपकी जिम्मेदारी है यह कि आप अभी से इस काम में लग जाएँ। जितने ज्यादा से ज्यादा बच्चे आप पैदा करेंगी, आनेवाले महाभारत के बाद की दुनिया में हमारी स्थिति उतनी ही मजबूत होगी। और दुनिया भर के ज्योतिषियों ने गणना करके बताया है कि वह समय आने ही वाला है। आप इस बात से न डरें कि आपके बच्चों का पालन-पोषण कौन करेगा। अगर आप बच्चों को पालना न चाहें तो उन्हें अनाथालयों में दे सकती हैं। मैंने अनेक अनाथालय बनवाए हैं पर हमें पर्याप्त संख्या में बच्चे नहीं मिल रहे हैं।

'ऐसे ही मैं आप सबसे पूछता हूँ कि जब हमारा देश विश्व-गुरु था तो यह किसके दम पर था? हमारे ऋषियों-मुनियों के दम पर। उनके तप और ज्ञान के बल पर। आज वह बल कहाँ चला गया है? मैं आप सबका आह्वान करता हूँ कि आप जंगलों में जाएँ और तपस्या करें।

आप पर्वतों पर जाएँ और ज्ञान प्राप्त करें। ज्ञान की भूख ही असली भूख होती है, आप यह बात क्यों भूल गए हैं? यह ज्ञान जब प्राप्त हो जाता है तब पेट की भूख रंचमात्र भी नहीं सताती। क्या आप भूल गए हैं कि हमारे ऋषि लाखों साल तक बिना खाए-पिए बस तप में लीन रहा करते थे? हमें वह बहुमूल्य ज्ञान फिर से अर्जित करना है।

'मेरी प्यारी प्रजा, हमारी दुश्मन शक्तियाँ आपको तरह-तरह के फरेब में फँसाएँगी और आपको उनके चक्कर में नहीं पड़ना है। आपको सिर्फ मेरी बातें सुननी हैं और उस पर अमल करना है। मैं आपकी अन्तरात्मा की आवाज हूँ जो प्रभु द्वारा इसलिए दृश्यमान किया गया हूँ कि आप अपने भीतर की इस आवाज को न सिर्फ देख सकें बल्कि सुन भी सकें। प्रभु जानते थे कि सिर्फ आकाशवाणी से काम नहीं चल सकता इसलिए उन्होंने मूर्तियाँ बनाईं। क्या आप मूर्तियों की उपासना नहीं करते हैं? मैं उन मूर्तियों में सबसे नई और सबसे श्रेष्ठ मूर्ति हूँ। मुझसे श्रेष्ठ मूर्ति अब प्रभु से भी सम्भव नहीं होगी।'

अगले दिन स्वर्णदेश के सभी प्रमुख अखबारों और खबरिया चैनलों पर राजा का उद्‌बोधन छाया हुआ था। सभी अखबारों में यह बात प्रकाशित थी कि स्वर्णदेश में बेरोजगारी की विकराल समस्या हमेशा-हमेशा के लिए समाप्त कर दी गई है। अब देश में कहीं कोई बेरोजगार नहीं बचा है।

उधर चैनल दिखा रहे थे कि स्वर्णदेश की एकसौएकवीं समस्या समाप्त होने की खुशी में जनता सड़कों पर उतर आई थी। वे कूद रहे थे। वे नाच रहे थे। खुशी इतनी थी कि वह कहीं समा नहीं रही थी। लोग खुशी के मारे पागल हो रहे थे।

यही नहीं, खबरिया चैनल यह भी बता रहे थे कि 'स्वर्णदेश की इस रातोंरात सफलता से दुनिया के अनेक देश चकित हैं। उनके यहाँ भी ये समस्याएँ विकराल रूप में विद्यमान हैं। ऐसी स्थिति में उन्होंने हमारे प्यारे स्वर्णदेश के राजा से मदद माँगी है। राजाजी ने सभी को

मदद का आश्वासन दिया है और जल्दी ही उन देशों की यात्राओं पर निकल रहे हैं। हमारे राजा दुनिया के इकलौते राजा हैं जिन्होंने एक तीर से दो शिकार किये। अपने बुद्धि-बल से उन्होंने न सिर्फ स्वर्णदेश की समस्या हल की बल्कि अन्तरराष्ट्रीय राजनीति में भी धमाकेदार शुरुआत की है। आज पूरी दुनिया के लोग उनकी तरफ आशा-भरी नजरों से देख रहे हैं।'

इसके बाद चैनलों ने हमेशा की तरह 'राजा जी की जय' के नारे लगाये और राजा के रूप और वैभव के बखान में लग गए।

उधर जनता की खुशी बढ़ती ही जा रही थी। अब वह खुशी के मारे एक-दूसरे के बाल नोच रही थी और कपड़े फाड़ रही थी।

किसान आत्महत्या आयोग का पत्र

परमादरणीय राजा जी,

समझ में नहीं आ रहा कि आपको किस विधि से प्रणाम करूँ। आदर प्रकट करने के सभी तरीके इतने पुराने और अपर्याप्त हो चुके हैं कि अब समय आ गया है कि कुछ नये तरीके खोजे जाएँ। यह क्या बात हुई कि उन्हीं घिसे-पिटे तरीकों से आपकी भी वंदना की जाए जिन तरीकों से पिछले राजा का अभिवादन किया जाता था? मैं अपने आयोग की तरफ से बहुत शर्मिंदा हूँ कि आपकी वंदना का कोई ऐसा तरीका नहीं ढूँढ़ पा रहा हूँ जो आपके तेजोमय व्यक्तित्व के अनुकूल हो। पर आप यह भी तो मानेंगे कि मैं आपके द्वारा ही सौंपे गए दूसरे काम में पूरी तरह से लगा हुआ था। वह काम पूरा हो गया है। इस अवसर पर मैं आपके चरणों में हर सम्भव तरह से झुका हुआ हूँ। कृपया मेरा कोटि-कोटि प्रणाम स्वीकार करें और अपनी परम कृपा इस दास पर बनाए रखें।

महामहिम, आपको याद ही होगा कि आपने हमें किसानों की आत्महत्या के सन्दर्भ में सही तथ्यों की खोज करने का आदेश दिया हुआ था। आपके आदेश का दिन है और आज का दिन, इस बीच में हम पल भर को भी चैन से नहीं बैठे। हम किसी भी ऐसी समस्या को हल्के में कैसे ले सकते हैं जिसने आपको परेशान कर दिया हो? इसलिए हम सबने ठान लिया था कि इस समस्या की जड़ में मट्ठा डालकर

रहेंगे। और आपको यह जानकर बहुत खुशी होगी कि हमने मात्र दो साल सात महीने और अठारह दिन में ही इस समस्या के सभी सम्भव पहलुओं को खोद निकाला है। आप देखेंगे कि किसानों की आत्महत्या की यह समस्या उस रूप में कभी रही ही नहीं जिस रूप में दुनिया भर में प्रचारित की जा रही थी। आप यह भी देखेंगे कि स्वर्णदेश के भीतरी दुश्मनों का मायाजाल अभी भी कितने भयानक तरीके से सब तरफ फैला हुआ है। हम सबका मानना है कि इस मायाजाल को छिन्न-भिन्न करने की सामर्थ्य सिर्फ और सिर्फ आपमें ही है।

हे महामहिम, इस मायाजाल को शीघ्रातिशीघ्र ध्वस्त करें और अब हमें उस विषय पर आने की अनुमति दें जिसके लिए आपने आदेश दिया था। यहाँ मैं संक्षेप में आयोग की कार्य-प्रणाली और अपने निष्कर्षों को आपके चरणों में रख रहा हूँ। आयोग के अध्यक्ष के रूप में मेरी पूरी कोशिश है कि इस पत्र में मैं उन सब चीजों को कम-से-कम शब्दों में समेट पाऊँ जोकि हमारी रिपोर्ट में दर्ज हुई हैं। यह रिपोर्ट कुल दस हजार एक सौ तेरह पृष्ठों की है। साथ में करीब सवा लाख पृष्ठ संलग्नकों के हैं। पर आपको हमारी मेहनत का अन्दाजा सिर्फ रिपोर्ट के पृष्ठों की संख्या से ही नहीं होगा। समय बचाने के लिए की गई हवाई यात्राओं, देश भर में फैले हुए होटलों के खर्चों तथा किराये पर लिये गए हेलीकॉप्टरों के बिल भी आपको काम के प्रति हमारी निष्ठा और मेहनत के बारे में बताएँगे। आप देखेंगे कि आपके आदेश के अनुपालन में हम पूरे देश में धूल फाँकते फिरे हैं। इस बीच आपकी दैवीय ऊर्जा और हममें दिखाया गया विश्वास ही हमारी प्रेरणा के एकमात्र स्रोत रहे हैं।

इस विषय पर काम करते हुए सबसे पहले हमारा ध्यान इस तथ्य की ओर गया कि पाठ्य-पुस्तकों में हम अपने बचपन में इस बात पर निबन्ध लिखते हुए बड़े हुए हैं कि 'स्वर्णदेश एक कृषिप्रधान देश है', यानी कि यह एक ऐसी बात थी जिसे सब मानते थे कि स्वर्णदेश किसानों का देश है। यह कोई ऐसी बात नहीं थी कि इस पर गर्व किया जाए, पर पहले यह बात गर्व करने की मानी जाती थी। लोग इस बात

पर गर्व करते थे कि वे किसान हैं। उन पर फिल्में बनाई जाती थीं। उनकी तारीफ में कविताएँ लिखी जाती थीं। यहाँ तक कि उन पर कुछ उपन्यास भी लिखे गए। एक भूतपूर्व राजा ने तो अपने नारे में उनको सैनिकों के समकक्ष रख दिया। भला बताइए कि इतना सब कुछ होता रहा, पर किसी ने यह जानने की कोई कोशिश तक नहीं की कि क्या स्वर्णदेश सचमुच किसानों का देश है? हमने अपने काम की शुरुआत इसी सवाल के साथ की।

तब अगला सवाल हमारे सामने यह खड़ा हुआ कि भला हम किसान किसको कहेंगे? क्या जितने लोग खेतों या गाँवों में दिखाई देते हैं, सब-के-सब किसान ही हैं? दूसरे, क्या किसान कोई जाति है कि हम किसान के बेटे को भी किसान ही कहें? क्या किसान की पत्नी को भी किसान माना जा सकता है? आप सोचिए कि वे तो उनको भी किसान माने ले रहे हैं जिनके पास जमीन का एक बिस्वा तक नहीं है। और फिर मान लीजिए कि कोई किसान है ही तो क्या वह सिर्फ किसानी से पैदा हुई समस्याओं से परेशान होकर आत्महत्या करेगा? क्या किसान अमर होकर आया है कि वह कभी मरेगा ही नहीं? महामहिम, सच कह रहा हूँ, ऐसे न जाने कितने सवालों से हम लम्बे समय तक जूझते रहे। इन सवालों ने हमें चक्रव्यूह की तरह से चारों तरफ से घेर लिया था। यह तो आपका प्रताप था कि हमने इस चक्रव्यूह को हमेशा-हमेशा के लिए ध्वस्त कर दिया।

आप ही बताइए कि यह कितनी सीधी-सादी बात है कि जो इस दुनिया में आया है, वह एक दिन इस दुनिया से जाएगा भी। इसमें राजा भला क्या करे? राजा कितना भी ताकतवर क्यों न हो जाए, पर वह मृत्यु को कैसे रोक सकता है? जो पैदा हुआ है, वह मरेगा ही, तो किसान-मजदूर मरने से भला कैसे बच सकते हैं? लेकिन नये समय की लीला अपरम्पार! देशी-विदेशी अखबारों में किसानों की आत्महत्या की खबरों को इतनी प्रमुखता से छापने का आखिर क्या उद्देश्य था? विदेशी अखबार तो खैर, स्वर्णदेश को बदनाम करने के लिए हमेशा लगे रहते हैं, पर देशी

अखबारों को तो सोचना चाहिए था कि इस तरह की नकारात्मक खबरों से स्वर्णदेश की प्रतिष्ठा को कितनी चोट पहुँचती है। विदेशी अखबारों की नकल में इन अखबारों को अपनी विश्वसनीयता का भी कोई खयाल नहीं बचा है। दुष्टों और दुश्मन देश के दलालों के सिवा भला यह कौन मानेगा कि स्वर्णदेश में किसानों का जीवन इतना कठिन हो गया है कि उन्हें आत्महत्या करनी पड़ रही है?

इसके बावजूद यह आप ही थे जिसने इस समस्या की जड़ में पहुँचने की ठानी। आपने इसके लिए आयोग बनाया। आयोग में हमें नियुक्त किया। हमें प्रचुर धनराशि और असीमित अधिकार दिये और आदेश दिया कि तत्काल काम शुरू किया जाए। हमारे किसानों की जान बहुत ही कीमती है। इसे किसी भी कीमत पर बचाया जाना चाहिए। आप एक तरफ किसानों की समस्या सुलझाने और उन्हें बचाने के लिए इतने परेशान हैं तो दूसरी तरफ अखबारों में किसानों के मरने का हल्ला बढ़ता ही जा रहा है। इस हल्ले से स्वर्णदेश को बदनाम करने के सिवा और क्या हासिल कर लेंगे वे लोग?

ऊपर के तमाम सवालों और इन सब चीजों को देखते हुए हमने तय किया कि चूँकि इन्हीं सवालों पर ही आगे की सारी जाँच टिकी है, इसलिए इस सन्दर्भ में किसी भी तरह की जल्दबाजी घातक हो सकती है। यह किसानों के भविष्य का सवाल है, इसलिए हम किसी तरह की लापरवाही नहीं कर सकते। हमने तय किया कि सबसे पहले हम इस बात का पता लगाएँगे कि इस देश में किसानों की वास्तविक संख्या कितनी है और उन्हें किसान माने जाने का आधार क्या है? हमने तय किया कि हम यह भी देखेंगे कि क्या हम प्रचलित पूर्वग्रहों के आधार पर ही अपनी रिपोर्ट बनाएँगे या इसके लिए हम अपने कुछ निजी आधार प्रस्तावित करेंगे?

सबसे पहले हमने यह देखने की कोशिश की कि सचमुच का किसान होने के आधार क्या हैं। हमने किसानों पर बनी तमाम देशी-विदेशी फिल्में देखीं। किसानों को केन्द्र में रखकर रचे गए साहित्य को उलटा-पलटा।

देश की पाठ्य-पुस्तकों में किसानों की जो छवियाँ हैं, उनका फिर से अध्ययन किया और इन आधारों पर हमने किसानों की पहचान के कुछ बिन्दु निर्धारित किये। और तब हमने पाया कि जिसकी आँखों में कीचड़ नहीं है, वह किसान नहीं है। जो साफ कपड़े पहनता है और अच्छा खाता-पीता है, वह किसान नहीं है। जो रेल में स्लीपर में चलता है, वह भी किसान नहीं है और एसी में चलनेवाला तो किसी भी कीमत पर किसान होने की सम्भावना से ही रहित है। उसे जरूर किन्हीं देश-विरोधी तत्त्वों से धन मिल रहा है। असलियत तो यह है कि किसान कभी ट्रेन के जनरल डिब्बों में भी नहीं चढ़ता। उसे इतनी दूर कहीं जाने की जरूरत ही नहीं होती। और अगर कभी किसी वजह से जाना भी हुआ तो वह पैदल या बैलगाड़ी से जाता है।

महामहिम, मैं इन चीजों पर इतना जोर इसलिए दे रहा हूँ कि स्वर्णदेश की राजधानी सहित तमाम जगहों पर जो लोग किसान बनकर धरना-प्रदर्शन कर रहे हैं और देश को बदनाम कर रहे हैं, वे किसान नहीं हैं, बाकी चाहे जो भी हों। इस बिनमाँगी राय के लिए माफ करें तो कहूँ कि इन लोगों को पकड़वा कर डंडा परेड कराई जाए तो ऐसी तमाम जानकारियाँ सामने आ सकती हैं जिनकी रोशनी में यह आयोग अपनी रिपोर्ट को और बेहतर बना सकता है। इस काम के दौरान विश्वस्त सूत्रों से हमें ज्ञात हुआ है कि ये वही लोग हैं जो देश को और इससे भी ज्यादा महामहिम को बदनाम करने के लिए दुश्मनों से मिले हुए हैं। यही बात हम तमाम अखबारों के लिए भी कहने जा रहे हैं।

आपको तो पता ही होगा कि देश के अनेक अखबारों ने इस आशय की खबरें छापीं कि किसान अपनी फसलों को खेत में ही सड़ा दे रहे हैं। वे मेहनत से तैयार की गई फसलों में आग लगा दे रहे हैं। वे सब्जियों और फलों से सड़क पाट दे रहे हैं या कि उन्हें मुफ्त बाँट रहे हैं। हुजूर, ये असम्भव स्थितियाँ हैं। कुछ भी हो जाए, पर एक किसान अपने ही खेत में आग नहीं लगा सकता। वह अपने खून-पसीने की कमाई को खेतों में पानी भरकर नहीं सड़ा सकता। और अगर वह इतना ही विपन्न

है तो खेतों में पानी भरने का पैसा आखिर कहाँ से आ रहा है उसके पास? हुजूर, कहने की इजाजत दें तो कहूँ कि सच्चा किसान खुद को भले जला ले, पर अपनी फसल को नहीं जला सकता। और आप तो जानते ही हैं कि एक भी किसान ने खुद को जलाकर आत्महत्या नहीं की। खबरों के अनुसार जिन्होंने की हैं, वे या तो पेड़ों से लटके हैं या फिर उन्होंने कीटनाशकों का उपयोग किया है।

दरअसल बहुत सारी भ्रामक स्थितियों ने मिलकर इस समस्या का निर्माण किया है। जिसके पास जमीन ही नहीं है, वह किस तरह का किसान? जमीन किसी एक के नाम है पर परिवार में कोई भी मरे तो कहेंगे कि किसान ने आत्महत्या की। यह गलत चलन है। हमें इसे खत्म करना चाहिए। क्या सरकारी नौकरियों में ऐसा किया जा सकता है कि नौकरी कर रहे व्यक्ति के परिवार का कोई सदस्य आत्महत्या करे तो उसे सरकारी नौकरी से जोड़कर देखा जाए? आप पाएँगे कि हमारा मध्यवर्ग इस मामले में कितना उदार है कि उसने अब तक ऐसी कोई माँग नहीं की। अगर हमने किसान आत्महत्याओं के सन्दर्भ में इस तरह की स्थितियों को बढ़ावा दिया तो कल को अगर मध्यवर्ग भी उठ खड़ा हुआ तो हम क्या करेंगे? यह भी बहुत राहत की बात है कि हमारा मध्यवर्ग इन किसानों के पचड़ों से अपने-आपको अब तक दूर रखे हुए है।

मैं कुछ और बातों की तरफ भी आपका ध्यान आकर्षित करना चाहता हूँ। वह किस हक से किसान है जो किसी और के खेत को अधिया लेकर खेती कर रहा है? इस तरह से तो सारे किरायेदार मकान मालिक बन जाएँगे। सोचिए, कितनी अराजकता पैदा होगी ऐसी स्थिति में! ऐसे ही जो पक्के घर में रहता है, वह किस तरह से किसान हुआ? जो मिट्टी के घर में रह नहीं सकता, भला वह मिट्टी में लथपथ होकर खेती कैसे करेगा? इसी तरह से जो जींस या दूसरे आधुनिक कपड़े पहनता है, धूप का चश्मा लगाता है, निजी अस्पतालों में इलाज के लिए जाता है, वह भी किसान नहीं। जिसके बच्चे बढ़िया स्कूलों में पढ़ रहे हैं, वह भी किसान नहीं। समय आ गया है कि हम एक साफ विभाजक रेखा

खींचें कि कौन किसान है और कौन नहीं। ये लोग किसान बनकर हमें दिग्भ्रमित करते हैं पर हम जानते हैं महामहिम कि बाकी कुछ भी सम्भव हो, पर आपको दिग्भ्रमित करना असम्भव है।

और यहीं पर मैं आपसे वह बात कहना चाहता हूँ जो मैं बस आपसे ही कह सकता हूँ क्योंकि उसे समझने की सामर्थ्य किसी और में नहीं। महामहिम, सौ बातों की एक बात यह है कि जो आत्महत्या करता है, वह किसी भी कीमत पर किसान नहीं। मैंने आपको पहले ही बताया है कि इस सिलसिले में हमने किसानों पर लिखी गई कहानियों, कविताओं और उपन्यासों का भी अध्ययन किया। हमने बड़ी संख्या में वे फिल्में भी देखीं जो किसानों को केन्द्र में रखकर बनाई गई हैं। इन सबमें हमको कहीं भी आत्महत्या करते हुए किसान देखने को नहीं मिले। उदाहरण के लिए भारत के मशहूर कथाकार मुंशी प्रेमचन्द की कहानी 'पूस की रात' को लें तो कहानी में हलकू की पूरी फसल चर ली जाती है पर वह आत्महत्या नहीं करता बल्कि अपने कुत्ते से लिपटकर सो जाता है। तो ये कौन से किसान हैं जो आत्महत्या किये जा रहे हैं? क्या उनके पास कुत्ते भी नहीं हैं कि वह उनसे लिपटकर सो सकें?

मैं जोर देकर कहना चाहता हूँ कि किसान की चमड़ी मोटी होती है। वह कुछ भी करेगा, पर आत्महत्या नहीं करेगा। मुंशी प्रेमचन्द जी के ही उपन्यास 'गोदान' से उदाहरण लें तो होरी कर्ज में डूब जाता है, गाय नहीं खरीद पाता, मजदूरी करता है पर आत्महत्या नहीं करता बल्कि मरते समय गोदान करता है। क्या समय था वह और अब क्या समय आ गया है! मैं समझता हूँ कि अब तक आप समझ चुके होंगे कि किसान आत्महत्या की बात खुराफाती दिमागों की उपज है जिन्हें दुश्मन देशों की शह मिली हुई है। आप जानते ही हैं कि दुश्मन देश हमारे गौरवशाली इतिहास से जलते हैं। वे हमारी समृद्धि से जलते हैं। वे हमारी सामरिक ताकत से जलते हैं। और तो और, अब वे इस बात से भी जलते होंगे कि उन्हें ऐसा प्रतापी राजा क्यों नहीं मिला जैसाकि आपके रूप में हमें मिला। पर यूँ जलते रहने से क्या हो सकता है आखिर?

हालाँकि हमारा काम अब समाप्त हो चुका है पर अपने देश को प्रेम करना और उसके लिए जान लड़ा देना हमने आपसे ही सीखा है इसलिए हमने इस मसले पर भी गौर किया कि अगर किसान आत्महत्या नहीं कर रहे हैं तो जो मर रहे हैं, वे हैं कौन? वे अभागे कौन हैं जो आत्महत्या पर आत्महत्या किये जा रहे हैं?

हमने पता लगाया तो पता चला कि इनमें से अनेक वे लोग हैं जो इश्कबाजी में नाकाम होकर अपने जीवन से निराश थे। और आप जानते ही हैं कि प्रेम में जान देना और लेना स्वर्णदेश की गौरवशाली परम्परा रही है। हम जान-बूझकर ऐसी स्थितियाँ तैयार करते रहे हैं कि युवाओं के प्रेम नाकाम हों और प्रेम में जान देकर वे इस गौरवशाली परम्परा को आगे बढ़ाएँ। और जब कभी हमारी किसी चूक की वजह से उनके प्रेम कामयाब होने की तरफ बढ़ते हैं तो हमारी पूरी कोशिश होती है कि हम उनकी जान लेकर उनके प्रेम को अमर कर दें। प्रेमियों की आत्महत्याएँ हमारा गौरव हैं। पर देश के बाहरी और भीतरी दुश्मन, जो हमारे देश की स्वर्णिम सभ्यता और संस्कृति से जलते हैं, जो महामहिम के तेज से जलते हैं, वे स्वर्णदेश को और साक्षात् स्वर्णदेशस्वरूप आपको बदनाम करने के लिए इसे किसानों या बेरोजगारों की आत्महत्या के रूप में प्रचारित कर देते हैं। हमें इन विरोधियों से सावधान रहना होगा और इन पर अंकुश लगाना होगा।

आत्महत्याओं की एक और वजह है पर वह गौरव करने लायक नहीं है। यह शर्म आने लायक वजह है। इसलिए मैं बड़ी शर्म के साथ इसे आपके सामने रख रहा हूँ। अन्दरूनी सूत्रों से पता चला है कि आत्महत्या कर रहे लोगों में एक बड़ी संख्या उन लोगों की भी है जो नपुंसकता की वजह से अपनी बीवियों को मुँह नहीं दिखा पा रहे थे। नपुंसकता कितनी बड़ी समस्या है, यह आप जानते ही हैं। ट्रेनों के शौचालयों से लेकर गली-मुहल्लों की दीवालों तक आप देखेंगे तो पाएँगे कि देश की सबसे बड़ी समस्या नपुंसकता ही है। यह इसलिए भी बहुत बड़ी समस्या है क्योंकि विधर्मी लोगों के साथ ऐसा नहीं है। नपुंसकता इसलिए भी हमारी

राष्ट्रीय समस्या मानी जानी चाहिए क्योंकि इससे जनसंख्या-सन्तुलन लगातार प्रभावित हो रहा है। स्वर्णदेश और उसके ईश्वरस्वरूप राजा यानी आपसे प्रेम करनेवाले लोग कम हो रहे हैं और विधर्मी और देश को कमजोर करने में लगे लोग लगातार बढ़ रहे हैं। मेरा विनम्र अनुरोध है कि आपको इस समस्या को गम्भीरता से लेते हुए तुरन्त इस पर एक आयोग बैठाना चाहिए। आप चाहें तो मैं यह महत्त्वपूर्ण जिम्मेदारी अपने सिर पर लेने के लिए तैयार हूँ।

मैं फिर से आत्महत्याओं की तरफ लौटता हूँ। वजह जो भी हो, पर यह तो हमने भी पाया कि लोग बड़ी संख्या में आत्महत्याएँ कर रहे हैं। और यह भी कि इससे स्वर्णदेश की बदनामी होती है। यह ऐसी चीज है जिसे हर हाल में रोका जाना चाहिए या फिर इसका रूप बदला जाना चाहिए। मेरा सुझाव है कि हमें आत्महत्याओं को धार्मिक रूप देने की कोशिश करनी चाहिए। अगर हम ऐसा करने में कामयाब हो गए तब आत्महत्या करना गौरव की बात मानी जाएगी। आपसे बेहतर कौन जानता है कि हम धर्मप्राण देश हैं। धर्म के लिए जान देने और लेने, दोनों के लिए हमेशा तैयार रहते हैं। यह बात प्रजा में और अच्छी तरह से फैलाई जानी चाहिए। लोगों को बताया जाना चाहिए कि किसी भी परिस्थिति में आत्महत्या कायरता है, पर धर्म के लिए या धर्मस्वरूप राजा के लिए जान देना बहादुरी है। और जान देने की स्थिति बने ही, तो विधर्मियों से लड़ते-लड़ते जान देनी चाहिए, न कि पेड़ से लटककर या जहर खाकर। मैं जानता हूँ कि आप यह बात मुझसे भी बेहतर तरीके से समझ रहे होंगे।

दूसरी बात यह है कि हमें उन अखबारों, संस्थाओं और लोगों पर नजर रखनी चाहिए जो तथाकथित किसान आत्महत्याओं के बारे में खबर लिखते या छापते हैं, या अन्य तरीके से इस तरह की खबरों को प्रचारित या प्रसारित करते हैं। इनके देशी-विदेशी सम्पर्कों पर भी हमें नजर रखनी चाहिए। हमें इन लोगों के कहीं आने-जाने पर रोक लगानी चाहिए और इन पर लोगों को आत्महत्या के लिए उकसाने का आरोप

लगाकर मुकदमा चलाया जाना चाहिए। जो संस्थाएँ विदेशी पैसा लेती हों, कभी अतीत में ले चुकी हों या निकट भविष्य में लेनेवाली हों, उन सब पर विदेशी मदद से लोगों को देशद्रोह के लिए उकसाने का मुकदमा चलाया जाना चाहिए। ये बहुत ही खतरनाक लोग हैं। इन्हें किसी भी कीमत पर कारागार में होना चाहिए। हमें यह भी देखना चाहिए कि ये लोग या इनमें से कुछ लोग पिछले राजपरिवार के कृपा-पात्र तो नहीं हैं? न भी हों तो हम साबित तो कर ही सकते हैं। इससे प्रजा में आपके प्रति अगाध भरोसा बना रहेगा।

अन्त में मैं पूरी जिम्मेदारी से एक और बात कहना चाहता हूँ। यह सच है कि ज्यादातर किसान आत्महत्याएँ फर्जी हैं। जैसाकि मैंने ऊपर साबित किया कि जब वे किसान ही नहीं हैं तो उनकी आत्महत्याओं को किसान आत्महत्या का नाम देना साजिशी लोगों का कारनामा है। पर महामहिम, हमें कुछ घटनाएँ ऐसी भी मिलीं जहाँ आत्महत्या करनेवाले सचमुच ही किसान थे। हम उनके बारे में जानकर स्तब्ध रह गए थे क्योंकि अगर एक भी किसान कहीं मरता है तो उसकी जिम्मेदारी हमारे दयालु और परोपकारी राजा पर आती है। और हम क्या जानते नहीं कि आप किसानों के लिए कितने चिन्तित रहते हैं? तभी तो आपने यह आयोग बनाया है। कुटिल और साजिशी लोग कुछ भी कहें, पर हम जानते हैं कि आपने किसानों को असीमित सुविधाएँ दे रखी हैं। इसके बावजूद अगर एक भी किसान आत्महत्या करने के लिए विवश हो रहा है तो इसका मतलब यह है कि खेती करना अब बहुत ही खतरनाक काम हो गया है। यह आयोग भी इसी नतीजे पर पहुँचा है।

ऐसे में जरूरत है कि स्वर्णदेश की प्रजा के हित में तुरन्त ही कुछ कड़े कदम उठाए जाएँ। आपने मुझे जो जिम्मेदारी दी है, उसका पालन करते हुए मैं कुछ सुझाव आपके श्रीचरणों में रखना चाहता हूँ। आयोग का पहला सुझाव यह है कि महामहिम को तत्काल प्रभाव से किसानों के खेती करने पर प्रतिबन्ध लगा देना चाहिए। हम अपने प्यारे देशवासियों की जान जोखिम में नहीं डाल सकते। यह एक ऐसा कदम है जिसके

लागू होते ही किसान आत्महत्या की समस्या हमेशा-हमेशा के लिए समाप्त हो जाएगी। किसानों को तुरन्त यह कदम भले ही कड़वा लगे पर जल्दी ही वे इस फैसले को वैसे ही सराहेंगे जैसेकि आपके पिछले कड़े फैसलों को सराहते आए हैं।

अब सवाल यह है कि अगर किसान खेती नहीं करेंगे तो स्वर्णदेश की प्रजा का पेट कैसे भरेगा और हम उस जमीन का क्या करेंगे जो खेती न करने से खाली पड़ी रहेगी? महामहिम, हमारा दूसरा सुझाव यह है कि आपको किसानों से उनकी सारी जमीन ले लेनी चाहिए। किसानों को तुरन्त बुरा जरूर लगेगा पर वे जल्दी ही इस बात को समझेंगे कि जमीन रखना कितने खतरे की बात थी और वह खतरा उन पर से हमेशा के लिए टल गया है जो आत्महत्या के लिए उनके सिरों पर मँडराता रहता था। ऐसा करने से हमें बड़ी संख्या में लोग मिलेंगे जो स्वर्णदेश के नवनिर्माण की नींव की ईंट बनेंगे। खेती जैसे अनुत्पादक काम से मुक्त होकर उनकी सारी ऊर्जा जब देश के नवनिर्माण में लगेगी तो आप सोचिए कि आपका यह प्यारा स्वर्णदेश जिसके उत्थान के लिए आप हमेशा चिन्तित रहते हैं, कितनी जल्दी सचमुच के स्वर्ण में बदल जाएगा!

हमारा तीसरा सुझाव यह है कि किसानों से ली गई सारी-की-सारी जमीन आपके चहेते धन्ना सेठ को सौंप दी जाए और उनसे अनुरोध किया जाए कि वे किसानी का दायित्व भी अपने ऊपर ले लें।

हमें पूरा भरोसा है कि स्वर्णदेश के हित में वे यह जिम्मेदारी उसी तरह से सँभालेंगे जिस तरह से आपकी दी हुई दूसरी जिम्मेदारियाँ सँभालते आए हैं। हमें पता है कि यह जोखिम का काम है पर धन्ना सेठ के कंधे पूरी तरह से समर्थ हैं। उन्हें आपका भी पूरा समर्थन और विश्वास हासिल है। ऐसी स्थिति में वे हर हाल में सफल होंगे। इस सन्दर्भ में हमारा चौथा और आखिरी सुझाव यह है कि धन्ना सेठ जी को जमीन के साथ-साथ एक बड़ी राशि खेती के मद में दी जाए जिससे कि वह जमीनों को नई तरह से व्यवस्थित कर सकें और अत्याधुनिक तरीकों से खेती की शुरुआत कर सकें।

महामहिम, हमें पूरा भरोसा है कि इस तरह से हम किसानों से जुड़ी सभी तरह की समस्याओं से हमेशा के लिए मुक्ति पा लेंगे। इतना ही नहीं, इससे बहुत बड़ी संख्या में नये रोजगारों का भी सृजन होगा। जिन किसानों के लिए खेती आदत बन गई है, वे धन्ना सेठ के यहाँ नौकरी कर सकते हैं। यह कितनी कमाल की बात होगी कि वे खेती भी करते रहेंगे और उनके ऊपर किसी भी तरह का जोखिम भी नहीं रह जाएगा। ऊपर से हमारे धन्ना सेठ इतने उदार हैं कि वह उन्हें तनख्वाह भी देंगे। कितना सुखी होगा तब हमारा प्यारा स्वर्णदेश! मैं तो उस दिन की कल्पना करके अभी से ही आह्लादित हो रहा हूँ। रोमांच के मारे मेरे रोम-रोम खड़े हो रहे हैं। मुझे इस बात से भी रोमांच हो रहा है कि आपकी कृपा और विश्वास के फलस्वरूप मैं अपने प्यारे स्वर्णदेश के प्रति कुछ कर पा रहा हूँ। भगवन, आपकी यह कृपा मुझपर हमेशा बनी रहे।

आपके चरणों का दासानुदास—

देशप्रेमी शर्मा

[अध्यक्ष, किसान आत्महत्या आयोग]

पापियों के उद्धार की अनोखी योजना

स्वर्णदेश का राजा उन लोगों के लिए हमेशा दुखी रहा करता था जो किसी-न-किसी वजह से पतन के गर्त में गिरे हुए थे। वह बार-बार उनके लिए द्रवित होता। कई बार तो रोने ही लगता। वह हमेशा सोचता कि उन पतितों से जो भी अपराध हुए हों पर हैं तो ये सभी स्वर्णदेश की इसी पावन धरती के निवासी। इन सबमें स्वर्णदेश की उसी पवित्र हवा और पानी का अंश है जो राजा में है, जो गुप्तमंत्री में है।

'आह! गुप्तमंत्री, कहाँ हो तुम?' राजा ने एक भावुक साँस खींची।

नाम लेते ही गुप्तमंत्री हाजिर हो गया। यही तो खूबी थी उसकी। कई बार तो खुद राजा तक को नहीं पता चलता कि वह गुप्तमंत्री को याद कर रहा है, पर गुप्तमंत्री को पता चल जाता और वह तुरन्त हाजिर हो जाता।

राजा उसकी इस अदा पर फिदा था। पर कई बार जब वह अकेला होता था तो उसे डर भी लगता कि गुप्तमंत्री उसे इस हद तक जानता है। पर वह इस डर के मारे डर भी नहीं पाता था कि कहीं गुप्तमंत्री को उसके डर के बारे में पता न चल जाए।

देर तक राजा गुप्तमंत्री को और गुप्तमंत्री राजा को देखता रहा।

गुप्तमंत्री ने देखा कि राजा की आँखों में आँसू हैं। वह विह्वल हो गया। प्रोटोकाल की परवाह किये बिना गुप्तमंत्री ने राजा के आँसुओं को पोंछ डाला और राजा के हाथ अपने हाथों में लेकर उन्हें सहलाने लगा। हाथ सहलाते-सहलाते वह राजा के चरणों में बैठ गया।

राजा अब भी चुप और भावुक दिख रहा था।

अब गुप्तमंत्री से नहीं रहा गया। उसने पूछ ही लिया, 'हे महाराज, इस दास को बताइए कि वह कौन-सी चिन्ता है जो आपको इस कदर कमजोर बना रही है?'

राजा बोला, 'हे गुप्तमंत्री, तुमसे ज्यादा मेरे बारे में कौन जानता है! मेरी भुजाओं में हजारों शेरों का बल है। आँखों में ज्वालामुखियाँ लहराती हैं। चलते हुए सँभलकर पैर रखना पड़ता है कि कहीं आसपास के लोगों को भूकम्प का डर न सताने लगे। बचपन में मैंने एक दुष्ट हाथी को सूँड़ से नचाकर आसमान में उछाल दिया था जो आज तक एक क्षुद्र उपग्रह के रूप में पृथ्वी की परिक्रमा कर रहा है। और तो और...'

'जानता हूँ महाराज,' गुप्तमंत्री ने कहा, 'इसीलिए तो आपकी यह दशा मुझे और भी विचलित किये दे रही है। अब अधिक समय लेकर दास के धैर्य का इम्तहान न लें और उस चीज के बारे में बताएँ जो आपको यूँ अधीर बना रही है। जितना मैं आपको जानता हूँ, यह जो भी समस्या होगी, हर हाल में स्वर्णदेश से जुड़ी होगी। इसके सिवा और किसी भी बात में वह क्षमता नहीं है कि वह आपको इस कदर अधीर बना सके।'

गुप्तमंत्री की बात सुनकर राजा ने उसे गले से लगा लिया और गले लगाये हुए ही अपने भीतर की बात गुप्तमंत्री के कानों में कहने लगा।

पूरी बात सुनकर गुप्तमंत्री के चेहरे पर चिन्ता की लकीरें खिंच गईं।

थोड़ी देर तक वह गम्भीरता से सोचता रहा, फिर बोला, 'उपाय है महाराज, उपाय है, पर यह उपाय ऐसा है कि इसके लिए आपको बहुत त्याग करना होगा। तरह-तरह के लांछन सहने होंगे। इसलिए मैं यह उपाय आपके सामने रखने की हिम्मत नहीं कर पा रहा हूँ।'

बदले में राजा ने गुप्तमंत्री से कहा कि वह निर्भीक होकर अपनी बात कहे, जैसे वह अब तक करता आया है। और इसीलिए वह राजा को अत्यन्त प्रिय है।

गुप्तमंत्री ने तब कहा, 'हे महाराज, इस समस्या का एकमात्र उपाय यह है कि आप उस नदी को सबके नहाने के लिए खोल दीजिए जिसमें अब तक आप और आपके प्रिय अनुचर ही नहाते रहे हैं। उस नदी में

नहाकर सब पवित्र और निष्पाप हो जाएँगे। आप उन सबको बुलाइए और गले लगाइए। आपसे मिलकर, आपको छूकर उनके भीतर बची रही-सही कालिमा भी सदा के लिए नष्ट हो जाएगी। यह अलग बात है कि इसके लिए आपको विरोधियों की तरफ से तरह-तरह के लांछनों और हमलों के लिए तैयार रहना होगा।'

राजा ने फैसला करने में पल भर भी देर नहीं लगाई।

उसने कहा, 'स्वर्णदेश और उसके लोगों के हित में मैं कितने भी लांछन और हमले खुशी-खुशी झेलने के लिए तैयार हूँ। जाओ और जाकर ऐलान करवा दो कि वह नदी जिसका पानी पीकर मैं बड़ा हुआ हूँ, जो मेरी रगों में खून की तरह बहती है, वह आज और अभी से सभी तरह के अपराधियों, भ्रष्टाचारियों, हत्यारों और बलात्कारियों के लिए खोल दी गई है। वे आएँ और उसमें डुबकी लगाकर अपने पापों से मुक्ति पाएँ।

'इस बात की व्यवस्था करो कि जेलों में बन्द जो पापी नदी में डुबकी लगाना चाहते हैं, उन्हें भी इस बात का पूरा मौका मिले। तुम तो जानते ही हो कि मैं किसी भी तरह के पक्षपात का घोर विरोधी हूँ। एक भी पापी निष्पाप होने से बचा रह गया तो मैं इस पूरी योजना को ही असफल मानूँगा। आज और अभी से वह नदी सभी तरह के छोटे से छोटे और बड़े से बड़े पापियों के लिए पूरी तरह से खोल दी जाए।'

यह योजना पूरी तरह से कामयाब रही। स्वर्णदेश अपराधियों से लगभग मुक्त ही हो गया। नदी के दोनों किनारों पर पापियों की भीड़ लग गई। वे एक पवित्र खुशी से पागल हो रहे थे। नदी के जल में उतरते ही वे हमेशा के लिए पवित्र हो जानेवाले थे।

यह ऐसी बात थी जिस पर अभी भी उन्हें भरोसा नहीं हो रहा था। वे खुद को और दूसरों को चिकोटी काट रहे थे और जाँच रहे थे कि कहीं वे सपना तो नहीं देख रहे हैं? और तब तो वे विह्वल ही हो गए जब उन्होंने पाया कि यह सपने जैसी लगनेवाली बात एकदम सच्ची थी। फिर तो इतनी बड़ी संख्या में लोग पवित्र नदी में उतरे कि नदी का पानी गाढ़ा और मटमैला हो गया।

पापी लोग नदी में नहाते गए और पवित्र होते गए, पर उनके नदी में घुल रहे पापों की वजह से नदी में रहनेवाले जीव-जन्तु त्राहि-त्राहि करने लगे। जब उनकी त्राहि-त्राहि का शोर ज्यादा बढ़ गया तो एक राजाज्ञा निकाली गई जिसमें उन्हें स्वर्णदेश के हित में चुप रहने का आदेश दिया गया।

आदेश में यह भी था कि नदी की सफाई के लिए जल्दी ही एक महाबजट जारी किया जा रहा है। खुद राजपरिवार के अनेक लोगों ने पापियों के नदी-स्नान पर दबे-छुपे स्वर में आपत्ति जताई पर राजा के आदेश का खुला विरोध करने का साहस उनमें नहीं था, इसलिए चुप लगा गए।

जब बड़ी संख्या में पापी लोग नदी में नहाकर पापमुक्त और इससे भी ज्यादा इज्जतदार बन गए तो उन्होंने राजा को उनकी अपार दयालुता की याद दिलाते हुए माँग की कि अब उनके पुनर्वास की व्यवस्था की जाए। वे फिर से पुरानी दुनिया में न लौट जाएँ इसलिए जरूरी है कि उनका समुचित पुनर्वास किया जाए।

इस माँग में धमकी का स्वर साफ-साफ सुनाई दे रहा था, फिर भी स्वर्णदेश के हित में राजा ने इस धमकी को नजरअन्दाज किया और गुप्तमंत्री के साथ पुनर्वास योजना की रूपरेखा बनाने में जुट गया।

यह बहुत ही कठिन काम था पर गुप्तमंत्री के सक्रिय सहयोग से राजा ने यह भी कर दिखाया। तय पाया गया कि पापी के रूप में इन इज्जतदार लोगों का जो क्षेत्र रहा है, वही इन्हें दिया जाए। इससे दो बातें होंगी : एक तो इनके पास अपनी गलतियाँ सुधारने का मौका होगा और दूसरी, स्वर्णदेश को इनके अनुभवों का लाभ भी मिल सकेगा।

'यह जरूरी है कि लोगों के अनुभवों को नजरअन्दाज न किया जाए। स्वर्णदेश के आगे बढ़ने का यही एकमात्र रास्ता है।' राजा ने गुप्तमंत्री का गाल थपथपाते हुए कहा।

अगले दिन राजा के हस्ताक्षर के साथ पुराने अपराधियों—जो कि अब देशप्रेमी नागरिक बन चुके थे—के पुनर्वास के बारे में आदेश जारी किया गया। इसमें कहा गया था कि चोरों को चौकीदारी, गुंडों और डाकुओं को पुलिस, आतंकवादियों को सेना, ब्लैकमनी वालों को बैंकिंग और बलात्कारियों को स्त्री शिक्षा व कल्याण आदि के काम दिये जाएँ।

आदेश में यह भी था कि उनसे कोई प्रमाण-पत्र वगैरह न माँगा जाए और पवित्र होने से पहले का उनका आपराधिक रिकॉर्ड ही उनकी योग्यता का सबसे बड़ा प्रमाण-पत्र समझा जाए। इसी तरह से घोटालेबाजों, कफनचोरों, देशद्रोहियों और जमाखोरों का भी पुनर्वास किया गया।

यह योजना इतनी कामयाब रहेगी, इसकी कल्पना राजा को भी नहीं थी। राजा के विरोधियों के पास विरोध करने का कोई मुद्दा ही नहीं बचा। सारे पवित्र हुए लोग अपने पिछले जीवन को इतना कोसते कि उतना विरोधियों के लिए भी सम्भव न होता।

वे बताते कि वे विरोधियों के चक्कर में आकर अपना सही रूप भूलकर पापी हो गए थे और अब राजा जी के आशीर्वाद से उन्हें अपने सही स्वरूप का ज्ञान हो गया है और जब तक राजा जी का आशीर्वाद उन पर बना रहेगा, वे अपना यह स्वरूप कभी नहीं भूलेंगे। यही नहीं, वे राजा के विरोधियों को सबक सिखाने में राजा की बिना शर्त मदद के लिए भी तैयार थे।

उनकी इस मदद के प्रस्ताव से राजा गद्गद हो उठा। अपने ट्विटर सन्देश में राजा ने कहा कि इसका मतलब यह है कि ये लोग पूरी तरह से बदल चुके हैं।

राजा की इस उदार योजना के बावजूद जब राजा के विरोधी शान्त नहीं हुए तो राजा को प्रजा के नाम एक सार्वजनिक सन्देश देना पड़ा। सन्देश देते हुए राजा ने कहा कि जो विरोधी है, वह देशद्रोही है और जो देशद्रोही है, वह मेरा निजी दुश्मन है।

देशद्रोहियों को ललकारते हुए राजा ने कहा, 'मैं पिछले राजाओं की तरह नहीं हूँ। मैं इनकी ईंट से ईंट बजा दूँगा। इन्हें यह भी नहीं भूलना

चाहिए कि पापियों के निष्पाप होने की प्रक्रिया में सभी बन्दीगृह पूरी तरह से खाली हो गए हैं, उन्हें इन्हीं देशद्रोहियों से भरा जाएगा।'

राजा ने प्रजा यानी अपने समर्थकों को यह जिम्मेदारी दी कि वह इन देशद्रोहियों को सबक सिखाएँ और इन्हें काबू में करने में और स्वर्णदेश को आगे बढ़ाने में राजा की मदद करें। 'अपनी प्यारी प्रजा के सक्रिय सहयोग के बिना हम कुछ भी नहीं कर सकते,' राजा ने कहा।

प्रजा ने गद्गद भाव से राजा की जय-जयकार की। बदले में राजा ने प्रजा की तरफ हाथ हिलाया और वहाँ से सीधे विदेश-यात्रा पर निकल गया।

आगे का काम प्रजा ने बखूबी सँभाल लिया। अगले कुछ दिनों में प्रजा ने बहुत सारे देशद्रोहियों को मार गिराया। प्रजा के सहयोग से जल्दी ही सभी बन्दीगृह फिर से आबाद हो गए। जल्दी ही मीडिया राजा की इस योजना के बखान से रँग गया।

मीडिया दिग्गजों ने कहा कि वे इस योजना का सिर्फ एक ही पहलू देख पाए थे, जबकि माननीय राजा जी ने न सिर्फ पुराने पापियों का उद्धार किया बल्कि उन तत्त्वों की भी शिनाख्त करने और धर-पकड़ने में सफलता हासिल की जो भविष्य में अपराध याकि पाप करनेवाले थे। यह काम करनेवाले वे स्वर्णदेश के ही नहीं बल्कि अखिल ब्रह्मांड के पहले राजा हैं।

उधर इस प्रशंसा को निरपेक्ष भाव से स्वीकार करते हुए, दूर एक रंग-बिरंगे देश के एक रंगारंग आयोजन में पत्रकार होने का अभिनय कर रहे एक मसखरे से राजा ने कहा कि वह बन्दीगृह में बन्द देशद्रोहियों के लिए जल्दी ही एक नई योजना ले आएगा जिससे कि उन सबकी आत्मा का शुद्धीकरण हो सके।

इस पर मसखरे ने तालियाँ बजाईं जिससे ऐसी आवाज आई, मानो वह अपना गाल पीट रहा हो!

बिना 'काम' के जीवन

स्वर्णदेश के लोगों को 'काम' के बारे में बात करना बिलकुल भी पसन्द नहीं था। उनके लिए यह बहुत ही गंदी बात थी। स्वर्णदेश के लोगों का चरित्र इतना उज्ज्वल और निर्मल था कि वे गंदी चीजों से दूर ही रहते थे। यह अलग बात है कि गंदी चीजें जैसे उनकी परीक्षा लेने के लिए दिन-रात उनका पीछा करतीं। स्वर्णदेश के लोग कई बार भागते-भागते थक जाते तो गंदी चीजों के साथ चलना शुरू कर देते। इसके बावजूद वे गंदी चीजों से पूरी तरह निर्लिप्त बने रहते।

वे घूस लेते, झूठ बोलते, कामचोरी करते, दिन-भर तरह-तरह के फरेब रचते, बेवजह दूसरों को नुकसान पहुँचाते। अपने फायदे के लिए लोगों की हत्या तक कर देते। इसके बावजूद अपनी आत्मा पर कोई दाग नहीं लगने देते। ये सारे काम वे प्रभु की इच्छा मानकर, प्रभु का नाम जपते हुए बहुत ही निर्लिप्त भाव से करते। प्रभु से स्वर्णदेश के लोगों का सीधा संवाद था। प्रभु भी सारी चीजों से निर्लिप्त ही रहते, इसलिए प्रभु का मान-सम्मान जस का तस बना रहता बल्कि बढ़ता ही जाता।

पर एक 'काम' ऐसा था जिसे करते हुए लोगों से प्रभु का नाम न लिया जाता। इसलिए लोग जल्दी से जल्दी इस काम को निबटाना चाहते। चूँकि यह कुछ इस तरह का काम था कि इसके लिए दो लोगों की जरूरत होती थी। तो कई बार जब दूसरा सहयोग न देता तो वे जबरदस्ती करते। इस तरह से अनेक लोगों को जबरदस्ती की आदत पड़ गई। अब उन्हें

काम में सुख ही तब मिलता जब वह जबरदस्ती करते। बल्कि सामनेवाला जितना विरोध करता या चीखता-चिल्लाता, उन्हें उतना ही सुख मिलता।

वे यह सब अपने सुख के लिए नहीं करते थे। देखने में भले ऐसा लगता कि सामनेवाले को कोई सबक सिखाना चाहते हों पर वे एकदम निर्लिप्त भाव से प्रभु की इच्छा मानकर अपने कर्तव्य का निर्वाह करते। और प्रभु थे कि अपने भक्तों से भी ज्यादा निर्लिप्त बने रहते। वे पीड़ा-भरी चीख और उन्माद-भरी सिसकारी में कोई अन्तर न कर पाते। इसलिए यह भी पता नहीं चल पाता कि वह अपने कुछ भक्तों के दुख से दुखी हैं या दूसरे कुछ भक्तों के सुख से सुखी।

इस सबके बावजूद यह प्रभु की लीला ही थी कि ऐसे लोगों की संख्या आधी से भी कम थी जिन्हें काम में जबरदस्ती करके सुख मिलता था। आधे से ज्यादा लोगों ने तो एकदम उल्टा ही काम किया था। उन लोगों ने वह काम करना ही बन्द कर दिया। न सिर्फ काम करना बन्द कर दिया बल्कि काम के बारे में किसी भी तरह की बात तक करनी बन्द कर दी। इस तरह से स्वर्णदेश के आधे से ज्यादा लोग धीरे-धीरे भूल ही गए कि ऐसा भी कोई काम होता है जो किया जाता है।

इससे स्वर्णदेश के प्रभु के यहाँ हाहाकार मच गया। प्रभु हालाँकि खुद भी स्वर्णदेश की समस्याओं से निर्लिप्त ही रहते थे पर इस बार तो ऐसी समस्या सामने आ गई थी कि स्वर्णदेश के साथ-साथ प्रभु का अस्तित्व भी खतरे में पड़ गया था। जब भक्त ही कम होते जाएँगे तो प्रभु भला किनके हृदयों में रहेंगे? प्रभु को पहली बार स्वर्णदेश के लोगों पर क्रोध आया, पर जल्दी ही वह अपने क्रोध को पी गए। यह समय क्रोध करने का नहीं था, यह धैर्य रखने का समय था।

स्वर्णदेश बना रहे, इसके लिए प्रभु ने कई स्तरों पर व्यवस्था की। पहले स्तर पर उन्होंने नींद को निशाना बनाया। उन्होंने बहुतेरे लोगों को नींद में ही काम करने के लिए प्रेरित करना शुरू किया। लोग नींद में ही काम कर जाते और उन्हें पता भी न चलता। इस प्रक्रिया में दूसरे साथी की नींद जरूर उड़ जाती। जब काम के बाद एक बगल

में खर्राटे ले रहा होता तो दूसरा सूनी आँखों से निर्वात में न जाने क्या खोज रहा होता!

इसमें एक और बड़ी समस्या सामने आई। चूँकि इस काम के माध्यम से प्रकृति अपने को नये-नये रूपों में रचती थी सो जाहिर है कि नींद में किये गए काम के फलस्वरूप भी नये-नये इनसानी प्रतिरूप सामने आए। उन्हें स्वर्णदेश की धरती पर ले आने का काम दो इनसानों ने मिलकर किया होता। पर मुश्किल यह थी कि काम के समय दूसरा नींद में होता इसलिए उसे कुछ याद ही न होता। ऐसी स्थिति में वह अपने साथी पर शक करता और स्थिति भयावह होती जाती। जबकि साथियों के लिए स्थिति पहले ही कुछ कम भयावह न होती।

प्रभु परेशान हो गए। ऐसे तो स्वर्णदेश कलहदेश बन जाएगा। तब उन्होंने काम के सन्दर्भ में दूसरा प्रयोग करने की ठानी। उन्होंने स्वर्णदेश की प्रकृति को मोहक और मादक बनाना शुरू किया। थोड़े ही दिनों में स्वर्णदेश की प्रकृति कुछ इस तरह से हो गई कि हर चीज लोगों को बस काम की ही याद दिलाती हुई प्रतीत होती। लोग जिधर जाते, उधर ही प्रकृति अपना सम्मोहक जाल पसारती नजर आती। लोग इधर-उधर भागते पर आखिर भागकर वे कहाँ जाते! दुनिया में स्वर्णदेश जैसा कोई देश भी तो हो!

लोग काम से हर हाल में बचना चाहते लेकिन वे प्रकृति द्वारा मजबूर कर दिये जाते। ऐसे में जब उनके सामने कोई और चारा न बचता तब उनकी कोशिश होती कि वह जल्दी से जल्दी इस गंदे काम से निवृत्त होकर निकल भागें। यहाँ तक कि काम के समय भी वे इस बात की पूरी कोशिश करते कि साथी की छाया तक उनके ऊपर न पड़े। इसलिए वे हर हाल में ऊपर ही रहना चाहते। ऊपर रहने का एक लाभ यह भी था कि उन्हें काम के तुरन्त बाद बगल में लुढ़क जाने या उठकर भाग जाने में आसानी होती।

इस प्रक्रिया में भी बहुत सारी मुश्किलें सामने आईं। प्रभु की समझ में ही नहीं आ रहा था कि स्वर्णदेश की व्यवस्था को फिर पटरी पर कैसे

ले आएँ। कई तरह के प्रयोग वे करके देख चुके थे पर किसी प्रयोग का नतीजा ऐसा नहीं निकला था कि वह स्वर्णदेश की तरफ से निश्चिन्त होकर फिर से पहले की तरह निर्लिप्त हो सकें। वे बहुत देर तक इस बारे में सोचते रहे। जब इस समस्या का कोई समाधान नहीं सूझा तब अचानक उन्हें क्रोध ने घेर लिया।

क्रोध में प्रभु बेकाबू हो उठे। उन्होंने श्राप दिया कि स्वर्णदेश के जो लोग मेरे द्वारा रचे गए काम की अवहेलना कर रहे हैं, वे सदा के लिए काम के सही सुख से वंचित हो जाएँ। वे तीनों लोकों में भटकते फिरें तब भी उन्हें यह सुख कभी नसीब न हो। वे जन्म-जन्मान्तर तक अतृप्ति के भवसागर में भटकें और उन्हें प्रभु के बारंबार नाम जपने का भी कोई फल न प्राप्त हो। उन्हें जीते-जी प्रेत-योनि प्राप्त हो।

श्राप देने के बाद प्रभु का क्रोध समाप्त हो गया। तब उन्हें दोबारा स्वर्णदेश की चिन्ता ने घेर लिया। स्वर्णदेश की स्थिति पहले ही बहुत खराब थी। इस श्राप के बाद तो स्वर्णदेश एकदम से ही नरक में बदल जाएगा। प्रभु को अपने श्राप के लिए पछतावा हुआ, पर अब वे इस बारे में कुछ भी नहीं कर सकते थे। जल्दी ही पछतावा दुख में बदल गया। प्रभु की आँखों में स्वर्णदेश के लिए आँसू थे।

प्रभु जब इस दुख से बाहर निकले तब उन्होंने देखा कि उनके आसपास तरह-तरह के रत्नों का ढेर इकट्ठा हो गया था। ये प्रभु के आँसू थे जो नीचे गिरते ही रत्नों में बदल गए थे। प्रभु यह भी जानते थे कि स्वर्णदेश के लोग इन रत्नों के पीछे किस तरह से पागल हैं। वे इन्हें चमत्कारी मानते हैं और तरह-तरह से धारण करते हैं। और तब प्रभु को यह भी याद आया कि स्वर्णदेश के लोग अपने प्रभु से भी ज्यादा चमत्कारों में भरोसा करते हैं।

'अब स्वर्णदेश को चमत्कार ही बचाएँगे,' प्रभु ने मुस्कुराते हुए सोचा। प्रभु को बहुत दिनों बाद इतनी खुशी मिली। उन्हें वह तरीका मिल गया था जो स्वर्णदेश के लोगों पर बिजली की तरह असर करनेवाला था। प्रभु मुस्कुराए और मुस्कुराते हुए ही उन्होंने प्रकृति के कानों में एक

मंत्र फूँका। प्रकृति प्रभु की तरफ देखकर बदमाशी से मुस्कुराई और स्वर्णदेश की तरफ उड़ चली।

इसके बाद तो स्वर्णदेश में कमाल ही हो गया। नया जीवन नई-नई तरह से और नये-नये रूपों में प्रकट होने लगा। जो काम पहले सभी लोगों को करना होता था अब उसके लिए प्रकृति ने अपने कुछ एजेंट नियुक्त कर दिये थे। अब यह काम किसी बाबा के आशीर्वाद से या किसी फकीर के दिये मोरपंखी से या किसी साधु की भभूत से भी हो जाता था। मजारों के आसपास बहती हुई हवा भी इस लिहाज से एकदम गारंटीवाला काम करती थी।

ऐसे में वे लोग बहुत खुश हो गए थे जिन्हें स्वर्णदेश को जीवित रखने के लिए इस तरह के काम मजबूरी में करने पड़ते थे। अब वे इस तरह की चीजों से पूरी तरह से निर्लिप्त रहकर कुछ दूसरे काम कर सकते थे जिनमें उनका मन लगता था। वैसे भी जब यह काम दूसरे तरीकों से बहुत ही आसानी से सम्भव था तो फिर यह सब करके अपनी आत्मा तक में दाग लगा लेने की क्या जरूरत थी?

प्रकृति इतने पर ही नहीं रुक गई थी। प्रभु का दिया हुआ वह बदमाश मंत्र उसने स्वर्णदेश के कोने-कोने में फूँक दिया था। यह मंत्र कुछ इस तरह से कारगर हुआ कि स्वर्णदेश के लोगों की संख्या दिन दूनी रात चौगुनी की गति से बढ़ने लगी। कोई रोता और उसके आँसुओं से उसका प्रतिरूप प्रकट हो जाता। कोई कान साफ करता और कान से खूँट की जगह पर उसका प्रतिरूप निकलता।

कोई रात में काम के बारे में कोई सपना देखता और सुबह अपना कोई प्रतिरूप अपनी बगल में पाता। यह तो कुछ भी नहीं था। कोई लड्डू खा रहा होता और लड्डू का टुकड़ा कहीं जमीन पर गिर जाता। उसे जो कोई भी कीड़ा-मकोड़ा खाता, उसकी बगल में लड्डू खाने वाले का एक नन्हा प्रतिरूप प्रकट हो जाता। लोग फूल सूँघते और फूल सूँघते समय भीतर ली गई हवा जब बाहर निकलती तो उसके साथ फूल सूँघनेवाले का नन्हा सा प्रतिरूप प्रकट हो जाता।

ऐसे ही कोई नदी में नहाता तो नदी की मछलियों के पास उसके प्रतिरूप प्रकट हो जाते। पसीने की बूँद जमीन पर गिरने से पहले ही किसी अदृश्य जीवाणु द्वारा सोख ली जाती और पसीने की उस नन्ही-सी बूँद से एक नन्हा-सा प्रतिरूप प्रकट हो जाता। स्वर्णदेश के लोग परम खुश हुए। उन्होंने खुशहाली का उत्सव मनाया। नन्हे प्रतिरूप बिना रुके आते ही जा रहे थे इसलिए यह उत्सव कभी भी नहीं समाप्त हुआ।

चूँकि इनसानी प्रतिरूपों के आने का माध्यम स्वर्णदेश के दूसरे तमाम दृश्य-अदृश्य प्राणी बने थे इसलिए जितनी मिश्रित नस्लें इस देश में विकसित हुईं, उतनी शायद ही दुनिया के किसी कोने में सम्भव हुई हों। जैसे ही अवसर आता, वह अपने सही रूप में प्रकट हो जातीं। कोई इनसान दिखता रहता और अचानक से अपने को गधा घोषित करते हुए रेंकने लगता। लोग अचानक से तिलचट्टे, केंचुए या भेड़िये में बदल जाते। वे जोरों से डंक मारते, पर उनका डंक कहीं दिखाई न देता।

स्वर्णदेश चमत्कारों का देश था इसलिए लोगों ने इसे पूरी तरह से स्वाभाविक तरीके से लिया। वे गर्वीले लोग थे इसलिए इस बात पर गर्व से भी भर गए कि उनके प्रभु ने इनसानी नस्ल को जितनी विविधता स्वर्णदेश में दी है, उतनी दुनिया के किसी भी देश को नहीं नसीब हुई। उन्होंने मिलकर जोरों से प्रभु का जयकारा लगाया। प्रभु अपने भक्तों के इस जयकारे से प्रसन्न हुए और निर्लिप्त भाव से मुस्कुराए।

मरे हुए व्यक्ति के साथ भूल-सुधार

स्वर्णदेश में एक बार एक अजीब घटना घटी। हुआ यह कि कम्प्यूटर की गलती से स्वर्णदेश की करोड़ों प्रजाओं में से एक रामलाल का नाम मृतकों की सूची में दर्ज हो गया। यह होना था कि सभी सम्बन्धित जगहों पर उसका नाम खटाखट मृत व्यक्ति के रूप में दर्ज होता चला गया। यह सब इतनी तेजी से हुआ कि उसे इसके बारे में कुछ पता ही नहीं चल पाया। रामलाल को यह कभी पता चलता भी नहीं अगर वह भूतपूर्व सरकारी कर्मचारी न रहा होता। वह भी उस जमाने का, जब भूतपूर्व कर्मचारियों को पेंशन वगैरह मिला करती थी।

हुआ यह कि जब वह अपनी पेंशन लेने के लिए बैंक पहुँचा तो खलबली मच गई। बैंक में पेंशन के लिए उसने अपना कागज बढ़ाया और वह कागज एक जिम्मेदार बैंक कर्मचारी के पास जा पहुँचा। कर्मचारी ने पूरी जिम्मेदारी से उसके कागज की कम्प्यूटर में एंट्री की। कम्प्यूटर ने जवाब में उसे जो बताया, उससे कर्मचारी के होश ही उड़ गए। उसने सहमी हुई आँखों से रामलाल की तरफ देखा और चीखकर बेहोश हो गया। बैंक कर्मचारी की चीख बैंक में खतरे की घंटी की तरह बजी। सभी बैंक कर्मचारी सतर्क हो गए और बैंक का शटर तत्काल बन्द कर दिया गया।

बैंक में सब तरफ एक घबराई हुई फुसफुसाहट फैल गई। सभी लोग कुछ अप्रिय घटने का इन्तजार करने लगे। इसके बावजूद जब

कोई घटना नहीं घटी तब एक दूसरे कर्मचारी का ध्यान बैंक के बेहोश कर्मचारी की तरफ गया। तुरन्त ही अनेक कर्मचारी उसे घेरकर इकट्ठा हो गए। उसके चेहरे पर पानी छिड़का गया। पानी की ठंडक ने उसकी चेतना वापस लौटाई। होश में आते ही उसने रामलाल की तरफ देखा। वह कर्मचारी के हाल पर चिन्तित सामने ही खड़ा था।

कर्मचारी को दोबारा डर लगा, पर इस बार वह बेहोश नहीं हुआ। उसने फुसफुसाते हुए साथी कर्मचारी के कान में कुछ कहा। साथी कर्मचारी ने अविश्वास से रामलाल की तरफ देखा। उसे लगा कि कोई रामलाल के नाम पर घोटाला करने आया है। उसने कम्प्यूटर पर रामलाल की तसवीर को ध्यान से देखा। रामलाल के दस्तखत की जाँच की। वह सब कुछ इस कदर मिल रहा था कि कम्प्यूटर भी कोई गड़बड़ी नहीं पकड़ पा रहा था। साथी कर्मचारी ने रामलाल को अन्दर बैंक मैनेजर के कमरे में आने का इशारा किया।

रामलाल अब तक किसी मूर्ख की तरह यह सब देख रहा था। उसे समझ में ही नहीं आया कि उसे ही बुलाया जा रहा है। कर्मचारी के दोबारा कहने पर वह तुरन्त बैंक मैनेजर के कमरे में पहुँचा। बैंक मैनेजर बैंक कर्मचारी के साथ रामलाल वाले मसले पर ही गौर कर रहा था। उसने रामलाल पर एक उड़ती-सी नजर डाली और दोबारा कम्प्यूटर की स्क्रीन पर व्यस्त हो गया। बड़ी देर के बाद उसने अपना सिर ऊपर उठाया और रामलाल को एकटक देखने लगा। उसके देखने में ऐसा कुछ था कि रामलाल को लगा, उससे कोई भारी गलती हो गई है।

उसने डरते हुए पूछा, 'क्या हुआ साहब? मुझसे कोई गलती हुई है क्या?'

अब बैंक मैनेजर मुस्कुराया। उसने कहा, 'अब तुम कोई गलती कर सको, यह सम्भव ही नहीं है।'

रामलाल को लगा कि मैनेजर उस पर तंज कर रहा है। उसके चेहरे पर एक दीनता उतर आई। उसने कहा, 'ऐसा न कहें हुजूर! बताएँ कि मुझसे क्या अपराध हुआ है?'

मैनेजर ने कहा, 'अब तुम कोई अपराध कर ही नहीं सकते। सचाई यह है कि तुम मर चुके हो। अब तुम्हें पेंशन नहीं दी जा सकती। स्वर्णदेश अभी इतना उदार नहीं हुआ है कि मृतकों को भी पेंशन देता रहे।'

रामलाल को कुछ भी समझ में नहीं आया। जब वह मैनेजर के समझाने से नहीं समझा तब कई कर्मचारियों ने उसे समझाने की कोशिश की। उसकी समझ में ही नहीं आ रहा था कि जब वह जिन्दा है और सशरीर सामने बैठा है तो उसे मृतक कैसे करार दिया जा सकता है? वह बहस पर उतर आया। वह देर तक अपने जिन्दा होने के पक्ष में तर्क देता रहा।

बदले में मैनेजर ने कहा, 'हमारे रिकॉर्ड के हिसाब से तुम मर चुके हो। बेहतर यही होगा कि अब तुम यहाँ से जाओ।'

बैंक मैनेजर की इस शराफत के बावजूद जब रामलाल टस से मस नहीं हुआ तो बैंक के गार्ड और कर्मचारियों ने मिलकर उसे बैंक के बाहर फेंक दिया।

रामलाल बहुत देर तक बैंक के बाहर खड़ा रहा। जो कुछ उसके साथ हुआ, उसे समझने में वह खुद को असमर्थ पा रहा था। एक बार फिर से उसने अन्दर जाने की कोशिश की पर इस बार गार्ड सतर्क था। उसने कहा, 'ज्यादा परेशान किया तो मार ही डालूँगा। कोई केस-वेस भी नहीं होगा क्योंकि तुम तो पहले से ही मरे हुए हो।'

वह बाहर आ गया। अब वह कहीं बैठकर चाय पीना चाहता था और अपनी हालत पर शान्ति से सोचना चाहता था। जब वह चाय पीकर उठा और पैसे देने के लिए उसने अपनी जेब तलाशी तो पाया कि जेब फटी हुई थी और उसके पास एक नया पैसा भी नहीं था। रामलाल ने चायवाले को देखकर अपने हाथ जोड़े और कहा कि उसे पता नहीं था कि उसके पास चाय पीने के पैसे नहीं हैं।

चाय वाले ने उसे देखा और जाने का इशारा किया।

अब रामलाल ने अपनी हालत पर गौर किया। उसके कपड़े कई जगह से फटे हुए थे। एक-दो जगहों पर चोट के निशान थे। गाल पर एक जगह खून चुहचुहाकर सूख गया था। उसकी आँखों में गहरी निराशा

पसरी हुई थी जो बहुत ध्यान से देखने पर ही दिखाई देती थी। आँखों के नीचे की झुर्रियाँ और कालापन अचानक से बढ़ गया था। उसने चोटवाली जगहों को सहलाने की कोशिश की तो पाया कि उसके हाथों पर उसका नियंत्रण पहले जैसा नहीं रहा। उसकी उँगलियाँ काँप रही थीं। उसने खुद को अपनी उम्र से बहुत ज्यादा बूढ़ा महसूस किया। क्या वह सचमुच मर चुका है? उसने सोचा।

घर पहुँचने के लिए उसे पैसे की जरूरत थी जोकि उसके पास नहीं था। एक-दो लोगों से उसने फुसफुसाते हुए मदद की गुहार लगाई पर वे उसकी बात नहीं समझ पाए और आगे बढ़ गए। उसने पाया कि उसे सुनना तो दूर, लोगों ने उसकी ओर देखा तक नहीं। फिर किसी और से मदद माँगने की उसकी हिम्मत नहीं पड़ी। वह पैदल ही घर की तरफ चल पड़ा।

जब तक वह घर पहुँचता, रात हो चुकी थी। डबडबाई हुई आँखों से उसने देखा कि बिजली नदारद थी। सब तरफ अँधेरा पसरा हुआ था। उसे बहुत खुशी हुई कि उसे किसी को मुँह नहीं दिखाना पड़ेगा।

घर पहुँचकर वह चुपचाप अपने बिस्तर पर लेट गया। देर तक उसे किसी ने नहीं देखा। लेटे हुए उसने सुना कि उसकी पत्नी इस बात पर चिन्तित हो रही थी कि वह अभी तक घर नहीं लौटा था।

'इतनी देर तो आज तक कभी नहीं हुई!' उसकी पत्नी ने कहा।

रामलाल ने पत्नी को बताना चाहा कि वह आ चुका है पर उसके मुँह से आवाज नहीं निकली। जब बिजली आई तो पत्नी ने उसे लेटे हुए देखा। वह नाराज होने लगी कि वह वहीं बगल में लेटा है और वह हलकान हो रही है।

रामलाल ने धीरे से पत्नी की तरफ देखा। उसने किसी तरह ताकत जुटाई और पत्नी से कहा कि वह मर चुका है।

पत्नी चौंक गई। कहीं वह शराब वगैरह पीकर तो नहीं आया? उसने मुँह सूँघा। रामलाल इस सबसे अविचलित वैसे ही लेटा रहा। अब पत्नी ने बेटे को बुलाया। बेटा बेरोजगार था और दिन-भर झल्लाया हुआ रहता

था। वैसे ही झल्लाते हुए वह आया और माँ से पूछ बैठा, 'क्या हुआ, क्यों चिल्ला रही हो?'

पत्नी ने रामलाल की तरफ इशारा किया। रामलाल वैसे ही लेटा हुआ था। बेटे ने उसे उठाया और माँ से पानी लाने को कहा। जब पत्नी ने उसका मुँह धुला और अपने आँचल से पोंछा तो बैंक से निकलने के बाद पहली बार रामलाल को अपने जीवित होने का एहसास हुआ। वह फफक-फफककर रोने लगा।

बाद में जब किसी तरह वह सारी बात बता पाया तो पत्नी परेशान हो उठी। उस पर बेटा एक बार फिर झल्ला उठा। उसने कहा कि इसमें इतना रोने-धोने की क्या बात? ऐसी गलतियाँ हो जाती हैं और वह एक-दो दिन में इसे सही करवा देगा।

दरअसल बैंक वाली बात बताते हुए रामलाल ने अपने मार खाने की बात छुपा ली थी। उसने यह भी नहीं बताया था कि वह बैंक से घर तक पैदल आ रहा है। जब बेटा चला गया तो पत्नी ने उसे उठाया और खाना ले आई।

उसने चुपचाप खाना खाया। उसने पत्नी को बताना चाहा कि खाने में नमक नहीं है पर उसके मुँह से आवाज नहीं निकली। खाना खाकर वह अपने बिस्तर पर रात भर लेटा रहा। उसे नींद नहीं आई और उसने करवट भी नहीं बदली।

रामलाल के बेटे ने उसे पुनर्जीवित कराने की बहुतेरी कोशिशें कीं। जहाँ जरूरत महसूस हुई, वह रामलाल को भी ले गया। दोनों महीनों एक विभाग से दूसरे विभाग के बीच चक्कर काटते रहे पर रामलाल के जीवित होने का कोई साक्ष्य नहीं मिला। दरअसल यह पता ही नहीं चल पा रहा था कि इस सिलसिले की शुरुआत कहाँ से हुई। और जब तक यह न पता लगता तब तक स्थिति में कोई भी परिवर्तन सम्भव नहीं था। रामलाल दिन-पर-दिन चुप और मरा-मरा-सा होता जा रहा था।

इसी अनुपात में रामलाल का बेटा दिन पर दिन झल्लाता जा रहा था। वह अपने पिता की तरफ देखता और पाता कि वह दिन शायद बहुत दूर नहीं जब सरकारी कागज आखिरी तौर पर सही साबित हो जाएँ।

रामलाल की पत्नी दिन भर घर पर रहती और रोती। वह सरकारी कागजों पर विधवा हो चुकी थी। उसका पूजा-पाठ बढ़ गया था। इस बीच उसने न जाने कितनी मनौतियाँ मान डाली थीं। वे सभी उसके पति के फिर से जीवित होने के सम्बन्ध में थीं। वह सोचती, कोई तो देवता उस पर कृपालु होगा! कोई तो देवी उसका सुहाग अमर करेगी! पर अपनी ही सोची इन बातों पर उसका भरोसा टूटता जाता। पति और बेटे के घर रहने पर वह खुश रहने और ज्यादा सक्रिय दिखने की कोशिश करती। इसके बावजूद पति की चुप्पी बढ़ती जाती और उसी अनुपात में बेटे का झल्लाना बढ़ता जाता। वह एकदम अकेली हो गई थी। वैधव्य ऐसा ही होता होगा, एक दिन उसने सोचा।

रामलाल का बेटा जब सब तरफ से निराश हो गया तब एक दिन उसे मीडिया की याद आई। वह अपनी मूर्खता पर बेहिसाब झल्लाया कि उसे यह बात पहले क्यों नहीं सूझी। इसके बाद वह तमाम अखबारों और चैनलों के दफ्तरों के चक्कर काटने लगा। ज्यादातर अखबारों को उसकी खबर छापने लायक नहीं लगी। एक-दो अखबारों ने रामलाल के जिन्दा रहते हुए मर जाने की अजीबोगरीब खबर छापी भी तो उसकी प्लेसिंग ऐसे पन्नों पर की कि इस खबर पर शायद ही किसी का ध्यान गया हो। शुरुआत में उसे अखबारों से जो आश्वासन मिल रहे थे, जल्दी ही वे भी बन्द हो गए।

यही हाल चैनलों का भी था। एक तो वहाँ घुसते हुए ही उसकी टाँगें काँपतीं। दूसरे, कोई बात कर भी लेता तो वह अपनी बात कायदे से न समझा पाता।

एक-दो लोगों ने उसकी बात समझी तो तत्काल ही सवाल किया कि मरा हुआ व्यक्ति कहाँ पर है? उन लोगों ने उससे कहा कि वह मरे हुए व्यक्ति को अपने साथ लेकर आए तभी कुछ सम्भव हो सकता है।

बेटे ने कहा कि वह अगले दिन अपने मरे हुए बाप को साथ लेकर आएगा। बात यह थी कि बेटे की झल्लाहट अब उसके काबू के बाहर जा रही थी। उसका दिमाग नकारात्मक खयालों से दिन-रात भरा रहता।

वह किसी को देखता और उसका मन करता कि वह उसे उठाकर पटक दे। किसी बच्चे को देखता तो उसका मन कान उमेठने या चिकोटी काटने का करता। किसी लड़की को देखता तो उसे मसल देने के खयाल आते। किसी बूढ़े को देखता तो अकारण ही क्रोध और झल्लाहट से भर जाता। कई बार जब रात को उसे नींद न आ रही होती तो उसकी बेतरह इच्छा होती कि वह कुछ ऐसा करे कि पूरा मुहल्ला जाग जाए। वह पत्थर उठाता और किसी भी घर की तरफ पूरा जोर लगाकर मारता। जब मुहल्ले में हल्ला-गुल्ला होता तो वह उस सबसे निस्पृह होकर अपने बिस्तर पर जा लेटता और एकटक छत देखता रहता। तब उसकी अपनी हरकतें छत पर किसी चलचित्र की तरह चलने लगतीं। उसे कई बार पछतावा होता कि वह कितनी वाहियात बातें सोचता रहता है।

कई दफा वह रोने लगता और देर तक रोता रहता। कभी उसे लगता कि वह पागल हो रहा है और छत पर वह पागल की धज में प्रकट हो जाता। इस बीच उसकी कल्पनाशक्ति जबरदस्त हो गई थी। वह कुछ भी सोचता, और वह सामने घटित होने लगता। वह कई बार अपने को भीख माँगता हुआ देख चुका था। वह देखता कि उसके घर में चीजें समाप्त हो रही हैं और चीजें समाप्त हो जातीं। वह कल्पना करता कि अब घर में कुछ खाने को नहीं बचा है और अगले दिन सूखी रोटी ही हिस्से आती। वह सोचता कि उसकी माँ गायब हो गई है और वह गायब हो जाती। कई दिनों तक दिखाई देना तो दूर, उसकी आवाज भी न सुनाई पड़ती। ऐसे ही चलता रहा तो वह दिन दूर नहीं कि वह किसी की हत्या कर बैठेगा, उसने सोचा।

अगले दिन जब वह पिता को लेकर चैनल के दफ्तर पहुँचा तो उसका बहुत गर्मजोशी से स्वागत किया गया। वहाँ दोनों को ठंडा पिलाया

गया और एसी की हवा खिलाई गई। इसके बाद रामलाल से कहा गया कि अगर वह अपने-आपको फिर से जीवित करने की माँग को लेकर आत्मदाह की घोषणा करे तो चैनल उसकी माँग उठाने को तैयार है।

रामलाल ने जिन आँखों से ऊपर देखा, उनमें एक बुझी हुई आग के अलावा कुछ नहीं था।

इसके बाद चैनल वाले रामलाल के बेटे को अलग ले गए और समझाया कि सचमुच आत्मदाह थोड़ी करना होगा। यह बस आत्मदाह का नाटक होगा। एकदम असली जैसा। थोड़ा-बहुत जल भी गए तो क्या फर्क पड़ता है! न्याय चाहिए तो खतरा तो उठाना ही पड़ेगा। इसके बाद इस बात की पूरी सम्भावना है कि रामलाल फिर से जीवित हो जाए।

रामलाल का बेटा तैयार हो गया। उसने कहा, वह उन्हें फिर से जिन्दा देखने के लिए कुछ भी करने को तैयार है।

बेटे के तैयार हो जाने के बाद चैनल के जिम्मेदार लोगों ने बताया कि अब जब तक मामला निपट नहीं जाता तब तक उन दोनों के रहने और खाने-पीने की व्यवस्था चैनल करेगा। और उन्हें न्याय दिलाने के लिए चैनल कुछ भी करने को तैयार है।

बेटे ने स्वीकृति दी जिस पर रामलाल ने भी सिर हिलाया, जिसका मतलब कुछ भी हो सकता था।

अगले ही दिन चैनल पर घोषणा की गई : 'एक मुर्दे की दिल दहला देने वाली दास्तान : अभी जिन्दा हूँ मैं। देखिए ठीक सात दिन बाद।' इसके बाद चैनल पर चलाने के लिए बहुत सारी पंच लाइनें तैयार की गईं। जो इस तरह थीं : 'मर करके भी जिन्दा हूँ—जान नहीं शर्मिंदा हूँ। मुर्दे ने किया चिता में प्रवेश करने का ऐलान—क्या आग उसे जला पाएगी? मुर्दे का ऐलान—सड़क पर ही बनेगा श्मशान।' ये तमाम पंच लाइनें दिन-रात चैनल पर चिता की लपटों की तरह से जलती रहतीं।

इसके बाद आग तेज करने के लिए चैनल ने कुछ और मसाले डालने शुरू किए। चैनल ने रोज इस मसले से थोड़ा-थोड़ा खेलना शुरू किया।

जैसेकि एक दिन इस मसले पर बातचीत के लिए चैनल ने एक

तांत्रिक, एक साहित्यकार और टैरो कार्ड रीडर को आमने-सामने बैठाया। बहुत धुआँधार बहसें हुईं। और उन बहसों की गर्मी पूरे स्वर्णदेश में फैल गई। लोग गर्मी से बेहाल होने लगे। सोशल मीडिया पर भी यह बहस फैल गई और इस बहस में अनेक लोग खेत रहे। अन्ततः इस सबका असर यह हुआ कि स्वर्णदेश के न्यायमंत्री 'स्वतंत्र प्रभार' को एक आपात बैठक बुलानी पड़ी। इस बैठक में बैंक मैनेजर से लेकर थाने के दरोगा तक—सबको बुलाया गया। कई रिटायर्ड न्यायाधीश, वरिष्ठ पत्रकार और वकील भी विशेष रूप से आमंत्रित किये गए।

न्यायमंत्री इस मसले को बहुत ही गम्भीरता से ले रहा था। राजा तक यह खबर पहुँच गई थी और उसने गुप्तमंत्री की मार्फत सन्देश भिजवाया था कि इस मसले पर जो कुछ भी तय पाया जाए, राजा को उसकी तत्काल खबर की जाए।

न्यायमंत्री 'स्वतंत्र प्रभार' को लगा कि यही सही मौका है। इस पर अगर वह चौका मार पाया तो हो सकता है कि अगले कुछ दिनों में उसे कैबिनेट मंत्री का दर्जा मिल जाए!

न्यायमंत्री मन-ही-मन गुप्तमंत्री से ईर्ष्या करता था और किसी भी तरह से गुप्तमंत्री जैसी हैसियत हासिल करना चाहता था। गुप्तमंत्री यह बात जानता था, इसलिए वह इसके खिलाफ राजा के कान भरता रहता था और इस बात की पूरी कोशिश करता था कि न्यायमंत्री कभी भी राजा से अकेले में न मिलने पाए।

इन सब बातों को ध्यान में रखते हुए न्यायमंत्री ने बैठक के पहले एक लम्बा भाषण दिया। जब वह थक गया तो बैठ गया और बैठक में शामिल लोगों से सुझाव माँगे। पहला सुझाव दरोगा से मिला, 'मार के फेंक देते हैं साले को कहीं। कागज पर तो पहले से ही मरा हुआ है। कोई क्या उखाड़ लेगा?'

कुछ लोग मुस्कुराए जरूर, पर ज्यादातर लोगों ने मन-ही-मन दरोगा से सहमति व्यक्त की।

बैंक मैनेजर ने कहा, 'उसे वसूली वालों से उठवा लेते हैं या फिर

उसके नाम से कुछ फर्जी लोन पास करा देते हैं। खुद ही मुँह छुपाता भागता फिरेगा।'

भूतपूर्व न्यायाधीश की राय अलग थी। उसने कहा, 'यह राज्य की अवमानना का मामला है। इस तरह से तो पूरी व्यवस्था ही नष्ट हो जाएगी।'

तब न्यायमंत्री ने भूतपूर्व न्यायाधीश से सहमति व्यक्त करते हुए दरोगा और बैंक मैनेजर को डपटा और कहा, 'सब कुछ सिस्टम से होना चाहिए।'

इस पर भारत देश की एक सुपर हिट फिल्म का उदाहरण देते हुए भूतपूर्व न्यायाधीश ने कहा, 'जैसे गब्बर से लोगों को खुद गब्बर बचा सकता था, वैसे ही राज्य से किसी को सिर्फ राज्य ही बचा सकता है। रामलाल ने मीडिया में जाकर जो कुछ कहा है, वह ब्लैकमेलिंग है और कोई भी सम्प्रभु सरकार ब्लैकमेलिंग के आगे नहीं झुक सकती।'

बैठक में इस मुद्दे पर भी बात हुई कि मीडिया की असली भूमिका क्या होनी चाहिए।

एक जमाने के क्रान्तिकारी पत्रकार ने कहा कि मीडिया का काम सरकारी योजनाओं को जनता के बीच ले जाना है, न कि जनता में असंतोष फैलाकर उसे गैरकानूनी कामों की तरफ ले जाना। पत्रकार ने यह भी सुझाव दिया कि उस चैनल का आधे दिन का सरकारी विज्ञापन रोक दिया जाए।

अन्ततः यह तय पाया गया कि रामलाल को गिरफ्तार किया जाए और उस पर हिंसा और उन्माद फैलाने का मुकदमा चलाया जाए। बेहतर हो कि उस पर देशद्रोह का मुकदमा भी चलाया जाए। पर समस्या यह है कि वह कागज पर मृतक सूची में दर्ज है इसलिए उसे चुपचाप उठाया जाए और यह सब कार्यवाही गुप्त रखी जाए।

इस पर न्यायमंत्री ने कहा, 'जब किसी के साथ न्याय हो तो उसमें दूसरों के लिए सबक भी छुपा हुआ होना चाहिए! अगर यह सब पूरी तरह से गुप्त रखकर किया गया तो प्रजा को यह जरूरी सबक कैसे मिलेगा कि उसे हर हाल में कानून का पालन करना चाहिए? तो मेरा

आदेश यह है कि इस मसले पर कार्यवाही कुछ इस तरह से की जाए कि जनता को वह सब कुछ पता चले जो कि हम चाहते हैं पर इस बात का जनता के पास कोई भी प्रमाण न हो। इस काम में मीडिया हमारा सहयोग करके अपनी खोई हुई विश्वसनीयता दोबारा हासिल कर सकता है। इसमें उस चैनल से भी सहयोग लिया जाए जिसने इस मसले को लापरवाही से उठाया था। अगर वह सहयोग के लिए तैयार हो तो उसकी सजा माफ कर दी जाए।'

उसी रात रामलाल को चुपचाप गिरफ्तार कर लिया गया। इसमें उस मीडिया हाउस ने सरकार का पूरा सहयोग किया जिसने रामलाल को छुपा रखा था। रामलाल के बेटे को रामलाल की नौकरी के कागज-पत्तर लाने के बहाने पहले ही घर भेज दिया गया। अगले दिन जब बेटा आया तो उससे पूछा गया कि वह अपने पिता को साथ क्यों नहीं लाया। बताया गया कि बेटे के जाने के थोड़ी देर बाद ही रामलाल भी यह कहकर निकल गया था कि बेटा उन कागजों को नहीं ढूँढ़ पाएगा और उसे रामलाल की मदद की जरूरत होगी।

मीडिया हाउस ने बेटे पर इल्जाम लगाया कि उसने अपने पिता को कहीं छुपा दिया है और उसका चैनल से जो करार हुआ था, उससे मुकरना चाहता है। चैनल ने धमकी भी दी कि बेटे को इसकी भारी कीमत चुकानी पड़ेगी। आखिर चैनल निर्धारित दिन और समय पर अब क्या दिखाएगा?

खैर, चैनल को कोई विशेष समस्या नहीं हुई। उस दिन दिखाने के लिए उसने किसी दूसरे मुर्दे को पकड़ लिया जो बार-बार जलाए जाने के बावजूद अगले दिन फिर प्रकट हो जाता था। इस कार्यक्रम को जबरदस्त टीआरपी मिली।

उधर बेटे की समझ में नहीं आ रहा था कि अब वह क्या करे? पिता मृत पहले से ही थे, अब गायब भी हो गए थे। अब उसके पास

इस बात का किसी भी तरह का कोई साक्ष्य नहीं बचा था कि उसके पिता कभी थे भी।

रामलाल की पत्नी दिन भर बेआवाज रोती रहती। रोते-रोते एक दिन वह अदृश्य हो गई। बेटे को उसकी रुलाई तो सुनाई पड़ती पर रोने की आवाज कहाँ से आ रही है, यह बात वह कभी न जान पाता।

अब बेटे की झल्लाहट गायब हो रही थी। इसके बदले एक गुस्सैल इरादा आकार ले रहा था कि वह इस पूरी व्यवस्था को तहस-नहस कर दे। अपने उसी गुस्सैल इरादे के साथ एक दिन वह भी गायब हो गया।

उधर गुप्त रूप से पाँच विद्वान न्यायाधीशों की ज्यूरी रामलाल के इस मसले पर न्याय करने बैठी थी। रामलाल को यह आजादी दी गई थी कि वह अपना पक्ष खुद रख सकता है। इतना ही नहीं, अदालत ने यह भी कहा कि वह चाहे तो अदालत उसके लिए वकील की भी व्यवस्था कर सकती है। रामलाल के कुछ न बोलने को अदालत ने अपनी अवमानना माना और इसके लिए अलग से केस चलाने की व्यवस्था की।

कई दिनों तक सभी पक्षों पर बारीकी से गौर करने के बाद अदालत ने पाया कि चूँकि आरोपी रामलाल सरकारी साक्ष्यों के अनुसार मर चुका है इसलिए उसे कार्यवाही के दौरान 'मृत रामलाल' कहा जाए। साथ ही यह भी कहा गया कि मृतक का दर्जा हासिल करते ही उसके समस्त मानवाधिकार समाप्त हो गए हैं, इसलिए आगे की कार्यवाही के समय यह बात भी ध्यान में रखी जाए।

पूरे मसले पर गौर करने के बाद विद्वान न्यायाधीशों ने कहा कि राज्य गलती कर ही नहीं सकता। और अगर उससे किसी वजह से कोई चूक हो ही जाती है तो वह सार्वजनिक रूप से उसे मान नहीं सकता। अगर राज्य इस तरह से अपनी गलतियाँ मानने लगे तब उसकी उस हनक का क्या होगा जिसके दम पर वह शासन करता है? ऐसे में प्रजा का राज्य और उसकी व्यवस्था पर भरोसा बना रहे, इसके लिए यह जरूरी है कि यह व्यक्ति मर ही जाए।

इसकी पत्नी रोते-रोते अदृश्य हो चुकी है, बेटे का कहीं पता नहीं है, इसलिए इसके परिवार वालों के नजरिये से भी इसके जीवित रहने का कोई आधार नहीं बनता। अदालत चाहती तो यह भी आदेश दे सकती थी कि यह मृत व्यक्ति आत्महत्या करे और राज्य को किसी भी तरह की परेशानी या दुविधा से बचाए, जो कि इसका कर्तव्य भी है। पर हमारे देश का कानून आत्महत्या को गैरकानूनी मानता है इसलिए हम ऐसा नहीं करेंगे। हम इस मृत रामलाल को फाँसी की सजा भी नहीं दे सकते हैं क्योंकि जो है ही नहीं, उसकी कैसी सजा और कैसी फाँसी, और फिर फाँसी के बाद जो शव होगा, भला वह किसका होगा?

अदालत ने पाया कि इस केस में बहुत से तकनीकी झंझट हैं। बेहतर तो यही होता कि मृत व्यक्ति चुपचाप बना रहता। ऐसे में मृत व्यक्ति के रूप में उसका जीवन भी बचा रहता और स्वर्णदेश की व्यवस्था पर कोई सवाल भी न उठता। उसने ऐसा नहीं किया इसलिए अब हमें ही कुछ करना पड़ेगा। यह ज्यूरी पूरी सहमति से रामलाल नाम के इस मृत व्यक्ति को गायब करने का आदेश देती है। अदालत का आदेश है कि इसे कम-से-कम पाँच सौ डिग्री सेंटीग्रेट तापमान पर किसी कड़ाहे में डाल दिया जाए, जिससे कि यह सीधे भाप बनकर उड़ जाए। यही सच्चा तरीका है जिससे कि स्वर्णदेश की कानून-व्यवस्था भी बनी रहे और न्याय भी हो।

आइंदा कोई ऐसा केस आए तो बार-बार अदालत का कीमती वक्त बर्बाद करने की जगह इस केस और इस फैसले को हमेशा के लिए बाध्यकारी नजीर समझा जाए।

सुनहरे दिनों की यात्रा में आपका स्वागत है

'तो आइए मेहरबान, अभी भीतर बहुत सारी जगह है...'

माइक पर आवाज लगाते हुए हरकारे ने पूरी ताकत से चिल्लाकर कहा।

लगातार चिल्लाते हुए उसका गला खराब हो गया था और कुछ इस तरह से आवाज निकल रही थी, जैसे फटे हुए ढोल के भीतर से होकर आ रही हो! अभी इसमें काफी वक्त था जबकि दूसरा हरकारा आकर उसकी जगह लेने वाला था। तब तक वह अपनी तरफ से कोई कमी नहीं रखना चाहता था। उसे पता था कि आवाज के जरा मद्धिम पड़ने की वजह से उसके एक साथी हरकारे का क्या हुआ था। उसकी याद आते ही उसे उसके घर-परिवार की याद आई। उसके घर-परिवार की याद आते ही उसे अपना घर-परिवार भी याद आया। उसने अपने भीतर की पूरी ताकत बटोरी और चिल्लाया, 'स्वर्णदेश के प्यारे प्रजाजन, सुनहरे दिनों की इस महान यात्रा में आपका स्वागत है।'

सामने एक रेल थी जिसके फर्श के ऊपर का हिस्सा पूरी तरह से काँच का बना हुआ था। यहाँ तक कि छतें भी काँच की ही बनी हुई थीं जिससे ट्रेन में बैठे-बैठे आसमान और बाहर की दुनिया देखी जा सकती थी और ट्रेन की गति के रोमांच को भी महसूस किया जा सकता था। यह एक ऐसी ट्रेन थी जिसकी जोड़ की कोई ट्रेन अभी तक दुनिया भर में नहीं बन पाई थी। स्वर्णदेश के अखबार रोज पहले पेज पर छाप रहे थे कि दुनिया भर के देश इस ट्रेन के लिए लालायित हैं पर हमारे महान

राजा ने तय किया है कि वह किसी भी कीमत पर एक भी ट्रेन दुनिया के किसी भी देश को नहीं देंगे। वे चाहते हैं कि स्वर्णदेश को न सिर्फ उसके सुनहरे दिनों की वजह से जाना जाए बल्कि सुनहरे दिनों की यात्रा पर ले जानेवाली इस अनोखी ट्रेन की वजह से भी जाना जाए।

उधर हरकारा चिल्लाए जा रहा था :

'इस ट्रेन में ऑफिशियली ग्यारह सौ जगहें हैं। पर वे सबसे दुर्भाग्यशाली हैं जिन्हें ये ग्यारह सौ जगहें प्राप्त हुईं; या इसे फीलगुड वाले तरीके से कहें तो वे नींव की ईंट हैं जिन पर हम सुनहरे दिनों का महल बनाएँगे। इसीलिए बाद में आनेवालों के टिकट का दाम बढ़ता जाएगा। इसलिए भी कि उन्होंने देर की, और इसलिए भी कि तब यह सफर उन्हें ज्यादा न्यायपूर्ण लगेगा। और हमने हर हाल में न्याय का पालन करने की कसम खाई है। प्रिय प्रजा, यह यात्रा आपके भीतर विरोधियों द्वारा फैलाए गए सभी भ्रमों को हमेशा-हमेशा के लिए समाप्त कर देगी। आइए, भीतर आकर देखिए। जब तक और ट्रेनें नहीं बन जातीं, हम आपके हित में इस ट्रेन का अधिकतम इस्तेमाल करेंगे। आइए, और अपने लिए खुद जगह बनाइए।'

और प्रजा का तो जैसे रेला ही टूट पड़ा था। हर कोई किसी भी कीमत पर सुनहरे दिनों की इस यात्रा का हिस्सा बनना चाह रहा था। यह ट्रेन लगभग असम्भव की हद तक भरी जा चुकी थी, इसके बावजूद जैसे जादू के जोर से नये यात्रियों के लिए जगह बनती ही चली जा रही थी। प्रजा के अन्दर मदद की भावना कूट-कूट कर भरी हुई थी इसलिए ट्रेन के भीतर पहले से सवार यात्री नये यात्रियों के लिए जगह बनाते ही जा रहे थे। लोग सीटों पर थे, जमीन पर थे, छत पर उल्टे लटके हुए थे। पंखों पर लटके हुए थे। सीटों के नीचे घुसे हुए थे। एक-दूसरे के कंधे पर और गोद में बैठे हुए थे। जो लोग गोद में बैठे थे, उनकी गोद में भी लोग बैठे हुए थे।

जब जगह कम होती महसूस की जाती तो ट्रेन को हिलाया-डुलाया जाता और इसके बाद फिर से बहुत सारी जगह निकल आती। और

हरकारा नये सिरे से आवाज देने लगता। हालाँकि हरकारे के आवाज देने की बहुत ज्यादा जरूरत नहीं थी। लोग खुद ही इस यात्रा के लिए पागल हो रहे थे। वे इस कदर पागल हो रहे थे कि बहुतों ने इस यात्रा के टिकट के लिए चोरी की थी, डाके डाले थे। बच्चों से भीख मँगवाई थी। दोस्तों से घात किया था। अपनी प्रेमिका को ब्लैकमेल किया था। माँ या भाभी के गहने चुराए थे या इसी तरह के और भी बहुत सारे काम किये थे।

इसके बावजूद उन्हें कोई पाप नहीं लगनेवाला था क्योंकि यह सब काम उन्होंने अच्छे उद्‌देश्य से किया था। उन्हें स्वर्णदेश में सब तरफ फैली बहार को देखना था और हमेशा के लिए एक गर्व से भर जाना था। ऐसा नहीं कि उन लोगों के पास पहले से गर्व नहीं था। बल्कि बात इसकी एकदम उल्टी थी। वे कई बार तो ऐसी-ऐसी चीजों पर गर्व करते थे कि दुनिया के तमाम लोग अचरज में पड़ जाते थे कि इसमें गर्व की क्या बात है। इस पर वे दोबारा गर्व से भर जाते कि दुनिया भर के लोग उनके गर्व पर अचरज कर रहे हैं। उन्हें दुनिया भर के लोगों पर बहुत तरस आता।

दरअसल यह पूरा सिलसिला ही इसी गर्व और तरस के घालमेल से शुरू हुआ था। दुनिया के कई देशों में ऐसी चीजें सम्भव हो रही थीं जो स्वर्णदेश के लोगों को सपनों की तरह लगतीं। उनके यहाँ इमारतें पैदा होतीं और वे उसी तरह से बढ़ती चली जातीं, जैसे पेड़-पौधे बढ़ते जाते हैं। दुनिया के कई देशों में स्वर्णदेश के लोगों की तुलना में क्रीम की तरह गोरे लोग पैदा होते तो कुछ देशों में चाकलेट की तरह काले। वे क्रीमी लोगों को देखते और खुद पर तरस खाते और अपने चेहरे पर क्रीम रगड़ते जाते। पर जब वे चाकलेटी लोगों को देखते तो उनकी खुद पर खाई तरस चाकलेटी लोगों के लिए घृणा में बदल जाती।

इतने से भी उनको पूरी तसल्ली नहीं होती। इसलिए इस स्थिति को स्वर्णदेश में लागू करते। तब उनके भीतर भरा गुबार जरा कम होता।

इसी तरह से स्वर्णदेश के लोगों के मन में तरह-तरह के जायज-नाजायज गुबार भरे हुए थे। इसलिए बहुत ही स्वाभाविक था कि कोई कल्पनाशील व्यक्ति जन्म ले और इस गुबार से जी भर खेले।

वह कल्पनाशील व्यक्ति था स्वर्णदेश का नया राजा। जब देश के बहुतेरे धन्नासेठों और गुबार-प्रिय प्रजा द्वारा वह युवराज के रूप में देखा जाने लगा तब उसे लगा कि अब समय आ गया है कि इन गुबारों से जी भर खेला जाए। तो सबसे पहले उसने ऐलान किया कि अगर प्रजा उसे नये राजा के रूप में चुनती है तो वह देश को पुराने गुबार से पूरी तरह मुक्त कर देगा। वह पुराने गुबार को गुब्बारे में भरकर सुदूर अन्तरिक्ष में उड़ा देगा और स्वर्णदेश में सुनहरे दिन ले आएगा।

स्वर्णदेश की प्रजा सोने से बहुत प्यार करती थी। सोने की चमक और खनक ज्यादातर लोगों के सपनों में बसती थी। इसलिए युवराज की सुनहरे दिनों वाली घोषणा ने प्रजा का दिल ही जीत लिया। प्रजा ने तय कर लिया कि चाहे जो हो जाए, वह इस युवराज को राजा बनाकर रहेगी। और स्वर्णदेश की प्रजा जब कुछ निश्चय करती थी, तो कर दिखाती थी।

राजा ने पद-भार ग्रहण करते ही अपनी योजनाओं को मुकम्मल रूप देना शुरू कर दिया। उसने पहला ऐलान ही यह किया कि स्वर्णदेश के सभी सरकारी भवनों को सुनहरे रंग में पोत दिया जाए। उसने प्रजा से भी निवेदन किया कि वह अपने-अपने घरों को सुनहरे रंग में रँग ले। नये राजा ने इस काम के लिए आसान किश्तों और कम ब्याज पर कर्ज देने की भी घोषणा की। प्रजा को यह बात पूरी तरह से समझ में नहीं आई, इसके बावजूद वह बहुत ही प्रसन्न हुई कि यह राजा अपनी घोषणा को मूर्त रूप देने की कोशिश शुरू कर चुका है। आज सरकारी भवन रँगे जा रहे हैं। कल प्रजा के घर रँग उठेंगे। इसके बाद तो वह समय भी आएगा ही जब लोगों के सुनहरे सपने साकार होंगे और पूरा स्वर्णदेश सुनहरे दिनों की आभा से चमक उठेगा।

उधर राजा ने अपना काम शुरू कर दिया था। वह दिन-दिन भर राज्य के अधिकारियों के साथ चिन्तन करता। रात-रात भर स्वर्णदेश के धन्ना

सेठों के साथ मनन करता। इस तरह से वह कई महीनों तक लगातार जागता रहा। लगातार जागने से उसकी आँखों में एक लालिमा उभर आई जिससे उसका चेहरा और तेजस्वी लगने लगा और उसने चेहरे से भी स्वर्णदेश का राजा होने की पात्रता हासिल कर ली। पर नया राजा इन सब चीजों के बारे में ज्यादा नहीं सोचता था। उस पर तो बस एक ही धुन सवार थी कि किसी भी तरह से स्वर्णदेश में सुनहरे दिन लाएँ जाएँ और अपनी प्रजा से किया हुआ वादा पूरा किया जाए।

राजा की मेहनत रंग लाई। जल्दी ही स्वर्णदेश में सब तरफ सुनहरी आभा दिखाई देने लगी। देश के सभी अखबार और खबरिया चैनल सुनहरे हो गए। अखबारों में आधे से ज्यादा अखबार देश में सुनहरे दिनों के आ जाने के विज्ञापन से भरे होते। इसी तरह खबरिया चैनलों के समाचार वाचक दिन भर चीख-चीखकर प्रजा को बता रहे होते कि वे सुनहरे दिन जिनका कि राजा ने वादा किया था, कब के आ चुके हैं। राजनीतिक विश्लेषक इस बात पर अचरज प्रकट करते कि राजा ने इतनी जल्दी अपना वादा पूरा कर दिखाया।

हर कोई अचरज में था। देश-विदेश के धन्ना सेठ अचरज में थे। दुनिया भर के लोग अचरज में थे। राजा के मंत्री और सिपहसालार अचरज में थे। व्यापारी और अभिनेता अचरज में थे। पर इन सबसे ज्यादा अचरज में थी स्वर्णदेश की प्रजा। वह समझ ही नहीं पा रही थी कि वह सुनहरे दिन, जो एक तरफ से सबको दिखाई दे रहे हैं और अभिभूत किए हुए हैं, वह उसे क्यों नहीं दिखाई दे रहे हैं? वह बार-बार अपनी आँख मलती। आपस में एक-दूसरे से पूछती कि क्या उसे सुनहरे दिन दिखाई दे रहे हैं? और जवाब न मिलने पर नये सिरे से निराश और उदास होने लगते।

राजा को जब प्रजा की इस उदासी भरी असफलता के बारे में पता चला तो वह चिन्तित हो गया। उसका पूरा जीवन ही प्रजा को समर्पित था। प्रजा के लिए ही वह खाता-पीता था। प्रजा के लिए ही कपड़े पहनता था। प्रजा के लिए ही प्रेम और मनोरंजन करता था। प्रजा के लिए ही देश-विदेश में भटकता रहता था। वह उदास हो गया। उसकी आँखों में

आँसू आ गए। उसके यह सब करने का लाभ ही क्या हुआ जब प्रजा को सुनहरे दिन दिखाई ही नहीं दे रहे हैं?

इसके पहले कि दुख उसे विह्वल कर देता, उसे पिछले राजाओं पर अपार क्रोध आया। कैसे दुखदायी थे वे राजा जिन्होंने प्रजा की देखने-सुनने की क्षमता ही छीन ली है? अगर इस दुख का इलाज न किया गया तब तो राजा का किया धरा सब कुछ मिट्टी हो जाएगा। मगर कैसे? सच्चे दुख ने उसे घेर लिया था और ऐसे में उसे हमेशा प्रजा का हुजूम दिखाई पड़ने लगता था। मगर कैसे? राजा जैसे प्रजा से ही पूछते हुए जोर से चिल्लाया। राजा की आवाज देर तक राजमहल में गूँजती रही।

जैसाकि हमेशा होता था, राजा की यह आवाज सबसे पहले गुप्तमंत्री ने सुनी और तुरन्त ही विह्वल भाव से राजा के सामने हाजिर हो गया। राजा अपने दुख में इतना लीन था कि उसे गुप्तमंत्री के आने का पता ही नहीं चला।

उधर गुप्तमंत्री का हाल यह हुआ कि राजा के दुख को देखकर उसकी आँखों से टप-टप आँसू टपकने लगे। टप-टप की आवाज से राजा का दुख-ध्यान टूटा तो उसने गुप्तमंत्री को गले से लगा लिया और देर तक गुप्तमंत्री के आँसू पोंछता रहा।

जब गुप्तमंत्री की आँख और गाल पर से आँसू पूरी तरह से गायब हो गए तब राजा ने बिना पूछे ही गुप्तमंत्री से अपने सच्चे दुख का हाल कहा। गुप्तमंत्री राजा का हाथ थामे उसका मुखमंडल मुग्ध भाव से देखते हुए एकटक भाव से सब कुछ सुनता रहा। जब राजा की बात खत्म हुई तो गुप्तमंत्री इस बात पर बहुत देर तक विह्वल होता रहा कि राजा अपनी प्रजा के लिए इतना कुछ सोचते हैं। अगर प्रजा राजा के इस प्रेम को नहीं समझती तो ऐसी प्रजा पर लानत है।

फिर उसने विनम्र भाव से राजा से कहा, 'हुजूर, इस स्थिति में एक ही उपाय है। उपाय यह है कि प्रजा को सुनहरे दिनों की यात्रा पर भेजा जाए जिससे कि वह सब कुछ अपनी आँखों से देख सके।'

राजा बहुत देर तक गुप्तमंत्री को देखता रहा। ऐसा कैसे होता है कि गुप्तमंत्री के पास हर सवाल का जवाब होता है? उसे गुप्तमंत्री पर बहुत सारा प्यार आया। उसे गुप्तमंत्री से बहुत सारा डर लगा। पर प्यार और डर पर काबू पाते हुए उसने अपने प्रिय धन्ना सेठ को तत्काल उपस्थित होने को कहा।

धन्ना सेठ जैसे आदेश का ही इन्तजार कर रहा था।

धन्ना सेठ के आते ही बिना समय गँवाए राजा ने गुप्तमंत्री को आदेश दिया कि वह सुनहरे दिनों की यात्रा वाली पूरी योजना धन्ना सेठ के समक्ष प्रस्तुत करे।

योजना सुनकर धन्ना सेठ वाह-वाह कर उठा। उसने गुप्तमंत्री का हाथ और राजा के चरण चूमे। वह इस बात पर भावुक हो गया कि उसे ऐसे राजा का भरोसा हासिल है जो हमेशा अपनी प्रजा के बारे में इस हद तक जाकर सोच लेता है। उसने राजा के चरणों की शपथ ली कि वह इस योजना को हर हाल में छह महीनों के भीतर पूरी कर दिखाएगा।

प्रसन्नमुख राजा ने धन्ना सेठ को गले लगाकर उसे धन्यवाद दिया कि वह हमेशा स्वर्णदेश के हित में कुछ भी कर गुजरने के लिए तत्पर रहता है। इसके बाद राजा ने गुप्तमंत्री को आदेश दिया कि वह स्वयं इस बात की व्यवस्था करे कि सभी सम्बन्धित विभाग धन्ना सेठ को हर वह सहयोग तुरन्त दें जिसकी माँग धन्ना सेठ की तरफ से हो।

और आखिरकार वह शुभ दिन आ ही गया जब ट्रेन सुनहरे दिनों की यात्रा पर जाने के लिए स्टेशन पर आ खड़ी हुई। सारे अखबारों में इस ट्रेन के विज्ञापन थे। खबरिया चैनल ट्रेनमय हुए जा रहे थे। वे बता रहे थे कि प्रजा में उत्सव का माहौल है और वह इस यात्रा के लिए बेकरार है। खबरिया चैनलों पर राजा और धन्ना सेठ की जय बोली जा रही थी। वहाँ गुप्तमंत्री का वह बयान भी चल रहा था कि इस बात की पक्की व्यवस्था की जाएगी कि स्वर्णदेश की एक-एक प्रजा सुनहरे दिनों की इस यात्रा पर जा सके और स्वर्णदेश में सब तरफ छाई हुई बहार को देख सके।

इस तरह वह सपनों सरीखा सुनहरा दिन आ गया था। राजा स्वर्णदेश के हित में विदेश में था। उसने वहीं से इस ट्रेन को सुनहरी झंडी दिखाई और गगनभेदी नारों के शोर के साथ ट्रेन चल पड़ी।

ट्रेन के चलते ही यात्रियों में एक उन्माद-सा फैल गया। ट्रेन की गति उनकी कल्पना से भी परे थी। वह ट्रेन तकनीकी रूप से इतनी उन्नत थी कि उसके चलने का पता ही नहीं चल पा रहा था। न किसी तरह के झटके, न किसी तरह का शोर—बस, बाहर दिख रहे और बहुत तेजी से पीछे भागते दृश्यों से ही उसके चलने का पता चल रहा था। और बाहर के दृश्य इतने कमाल के थे कि पलकों को झपकने तक का मौका नहीं दे रहे थे।

बाहर सुनहरे रंग में चमकती सुन्दर बस्तियाँ थीं। सब तरफ तरह-तरह के पेड़ थे जिनमें सुनहरे फल और फूल खिले हुए थे। पेड़ों पर सुनहरे रंग की चिड़िया इधर से उधर फुदक रही थीं। आसमान सुनहरे नीलेपन में चमक रहा था और वह इतना साफ था कि रात में दूसरी आकाशगंगाएँ इतनी नजदीक दिख रही थीं कि दुनिया की उन्नत से उन्नत सूक्ष्मदर्शी से भी वह दृश्य देख पाना असम्भव था। वह दृश्य यात्रियों में अनोखा विश्वास पैदा कर रहा था कि वह दिन दूर नहीं कि हमारा महान राजा वे सारी आकाशगंगाएँ जीत लेगा और प्रजा वहाँ की यात्राओं पर जाएगी।

इसी तरह रास्ते में पड़ रही नदियों का पानी इतना साफ दिख रहा था कि उनकी तलहटी तक के जीव दिखाई दे रहे थे। वे पानी में कुछ इस तरह खेल रहे थे, जैसे खुशी और उल्लास का कोई उत्सव मना रहे हों! ऐसे ही वह ट्रेन जब जंगल से गुजरी तो इतने घने जंगल मिले कि उनके बीच से हवा तक का गुजरना सम्भव नहीं लग रहा था। यह अलग बात है कि उन जंगलों में तरह-तरह के जानवर बिना किसी भय के विचरण कर रहे थे। स्वर्णदेश की प्रजा ने इतने निर्भय पशुओं को

इसके पहले कहीं नहीं देखा था। प्रजा ने अनायास राजा का जयकारा लगाया कि उसके राज्य में मनुष्य तो क्या, पशु-पक्षी तक इस तरह सुख-शान्ति और मौज से जी रहे हैं।

जंगल के आगे पहाड़ थे। पहाड़ों की ऊँचाई तेजी से बढ़ रही थी। वह दिन दूर नहीं था कि वे ऊँचे होते-होते चाँद का रास्ता रोक देनेवाले थे जिससे कि स्वर्णदेश के लोगों को एक स्थिर चाँद पर बसाया जा सके।

ट्रेन की कमेंट्री में बताया गया कि चाँद पर बसने का पहला हक उन वनवासियों का होगा जो जंगल और पहाड़ के बीच की जगह पर रहते थे। इसके बाद उन लोगों को चाँद पर भेजा जाएगा जिनके पास स्वर्णदेश में रहने के लिए घर नहीं हैं। राजा इस बात पर हर तरह से दृढ़ है कि सबसे अच्छे संसाधनों का फायदा सबसे कमजोर प्रजा को मिले। यात्रा कर रही प्रजा इस बात से मायूस हुई कि वह चाँद पर देर से जा पाएगी पर उसके मन में राजा की इज्जत और बढ़ गई।

इसी तरह शानदार शहर मिले। उन शहरों में कोई बेरोजगार नहीं था। सब अपनी-अपनी कारों में बैठकर काम पर जा रहे थे। आसमान को चूमती इमारतें मिलीं जो सर्वसुलभ थीं। सुन्दर विद्यालय और विश्वविद्यालय मिले। धर्मशालाएँ, अस्पताल और उपवन मिले। खेल-कूद के मैदान मिले। महँगी कारों में बैठकर खेती करने जा रहे किसान मिले। महँगे वस्त्र और आभूषण पहने हुए भिखारी और उन्हें खूब-खूब भीख देते दानी मिले। प्रजा को देखते ही विनम्रता से नमस्ते करने वाले सैनिक और राजकर्मचारी मिले। ऐसे धन्ना सेठ मिले जिन्होंने अपनी तिजोरी कमजोर और गरीब लोगों के लिए पूरी तरह से खोल दी थी। हालाँकि कोई गरीब बचा ही नहीं था कि धन्नासेठों की इस उदारता का फायदा उठा पाता।

यात्रा कर रही प्रजा में बहुतों की इच्छा उन्हीं शहरों में उतर जाने की हुई पर यह सम्भव नहीं था। वह ट्रेन इतनी तेज थी कि उससे कूदना भी सम्भव नहीं था। कूदना इसलिए भी सम्भव नहीं था कि वह सब तरफ से बन्द थी और उसके दरवाजे वापस स्टेशन पर पहुँचकर ही खुलनेवाले थे। ऐसी स्थिति में मन मारकर प्रजा फिर-फिर से बाहर सुनहरे दिनों के

नजारे में डूबने लगती। और तब उसकी आँखों में वे सुनहरे सपने चमकने लगते कि आएँगे, उसके भी सुनहरे दिन जरूर आएँगे। और फिर वे मुग्ध भाव से बाहर के दृश्य देखने और ट्रेन में चल रही कमेंट्री सुनने में व्यस्त हो जाते। दृश्य और कमेंट्री मिलकर इतना अद्भुत सम्मोहन पैदा कर रहे थे कि यात्री प्रजा अपनी भूख-प्यास तक भूल गई थी।

सारी यात्राएँ कभी-न-कभी समाप्त होती हैं सो वह यात्रा भी समाप्त हुई। यात्री बाहर निकल रहे थे। उनकी आँखों में देखे गए दृश्य तैर रहे थे। वे उन लोगों से अपने अनुभव अनायास ही साझा कर रहे थे जो ट्रेन में जाने से रह गए थे। अभी पिछले यात्री उतर भी नहीं पाए थे कि नये यात्री ट्रेन पर चढ़ने शुरू हो गए थे।

उधर हरकारे की आवाज माइक पर गूँज रही थी। इस सबसे बहुत शोर पैदा हो रहा था। इस सबसे एक ऐसा दृश्य पैदा हो रहा था जो यात्रा के दौरान ट्रेन में से देखे गए दृश्यों के एकदम उलट था। यह सब चल ही रहा था कि एक नया शोर और दृश्य उभरकर प्रकट हो गया।

हुआ यह था कि बहुत सारे लोग जिन्हें ट्रेन के भीतर जगह नहीं मिल पाई थी, सुनहरे दिनों को देखने के लालच में ट्रेन की छत पर चढ़ गए थे। उनका कहना था कि यह ट्रेन तो कहीं गई ही नहीं। यह तो जस की तस अपनी जगह पर खड़ी रही है। वे चिल्ला रहे थे कि सुनहरे दिनों का दावा धोखा है और टिकट का पैसा वापस लौटाने की माँग कर रहे थे।

उधर माइक पर हरकारा चीख रहा था कि इन लोगों के बहकावे में न आएँ। ये वही लोग हैं जिनकी वजह से स्वर्णदेश आज तक सुनहरा नहीं हो पाया था। ये शत्रु देशों के जासूस हैं। प्रजा को इन्हें सबक सिखाना चाहिए।

वह प्रजा जिसे ट्रेन के भीतर जगह मिल पाई थी और जो अभी-अभी सुनहरे दृश्यों को देखकर लौटी थी, उसकी भूख और प्यास जाग उठी थी। एक तो उसे ऐसे ही बुरा लग रहा था कि ये छत पर सवार लोग उसकी सपनीली आँखों में कंकड़-पत्थर फेंक रहे हैं। दूसरे, माइक पर हरकारे के ऐलान के बाद तो इसमें कोई सन्देह ही नहीं रह गया था कि टिकट का पैसा वापस लौटाने की माँग कर रहे लोग स्वर्णदेश के दुश्मनों

के हाथ में खेल रहे हैं। ऐसे में प्रजा ने वही किया जो दुश्मनों के साथ किया जाता है। वह अपनी भूख-प्यास भूलकर दुश्मनों पर टूट पड़ी।

जो लोग ट्रेन के भीतर सवार होकर यात्रा के लिए गए थे, उनमें से अनेक ने उन्हें रोकने की कोशिश की। उनके मन में भी अब सन्देह पैदा हो रहा था कि उन्हें जो नदी, पहाड़, जंगल, शहर और लोग दिखाए गए, उन्हें वहाँ ट्रेन से उतरकर यह सब देखने की अनुमति क्यों नहीं मिली। उन्हें उस पल का अपना मन मसोसना याद आया जब ट्रेन के बाहर की दुनिया उन्हें बुला रही थी, पर यात्रा के नियमों और ट्रेन के न रुकने की वजह से वह बाहर की सुनहरी दुनिया में शामिल होने में असमर्थ थे। कुछ फरेब तो है ही इस ट्रेन में, उनके मन में विचार प्रकट हुआ। इस विचार के प्रकट होते ही वे ट्रेन की छत पर सवार यात्रियों को बचाने के लिए मैदान में कूद पड़े। अब मार बराबरी की थी और देर तक चलनेवाली थी।

उधर माइक पर हरकारे का ऐलान जस-का-तस चल रहा था और यात्रियों की नई खेप ट्रेन में अपनी जगह ले रही थी।

कवियों की निरंकुशता से परेशान एक राजा

स्वर्णदेश को प्राचीनकाल से ही कवियों का देश कहा जाता था। इस मामले में जैसे स्वर्णदेश के हर बाशिन्दे को कविता की देवी का वरदान हासिल था। यह दुनिया भर के लिए अचरज का विषय था कि उस देश के लोगों पर कविता की देवी इतनी मेहरबान क्यों हैं। लोग कविता में ही बोलते थे। कविता में ही रोते थे। कविता में ही हँसते, बतियाते थे। कविता में ही प्रेम करते थे। कविता में ही खेती-किसानी और मेहनत-मजदूरी जैसे काम करते थे। कविता में ही खाते-पीते थे। कविता में ही दोस्ती करते और एक दूसरे पर कुर्बान भी हो जाते। कविता उनके लिए हवा और पानी की तरह थी। वे उसी में साँस लेते थे और उसी में जिन्दा रहते थे।

यहाँ तक कि स्वर्णदेश के जिन बाशिन्दों के पास रहने के लिए घर नहीं था, वे भी बेपरवाह कविता के घर में रहते थे और खुश रहते थे। वे सारी चीजों के बिना रह सकते थे पर कविता के बिना नहीं रह सकते थे। उसी देश में कुछ लोग ऐसे भी थे जो कविता लिखते भी थे। वे न सिर्फ कविताएँ लिखते थे बल्कि उन्हें लोगों को सुनाते भी थे। अपनी किताबों में भी छपवाते थे। किताबें बिकती भी थीं। लोग उन कविताओं को पढ़ते भी थे। उन कविताओं में जाने क्या जादू था कि जो भी उन्हें पढ़ता, अपने को थोड़ा और कवि महसूस करता।

वह अपने पड़ोसी से प्रेम करने लगता। वह किसी दुखियारे के दुख से दुखी हो जाता। वह किसी अनजाने की मदद करने लगता। वह

और-और गहरी साँस लेता और अपनी धरती, हवा, पानी और लोगों और जीव-जन्तुओं—यहाँ तक कि पेड़ों और पौधों से भी उसे मुहब्बत होती चली जाती। जो ज्यादा संवेदनशील होते, वे तो कई बार कविताएँ पढ़कर उड़ने ही लगते। तब एक तरफ तो उन्हें उस धरती की खूबसूरती नये-नये कोणों से दिखाई देती और वे उसे और-और खूबसूरत बनाने में लग जाते। दूसरी तरफ उन्हें लोगों के दुख भी नये-नये सिरों से दिखाई देने लगते और वे उन दुखों को दूर करने के उपाय करने में जुट जाते।

दुखों की स्वर्णदेश में कोई कमी नहीं थी। जितने मनुष्य थे, उतनी ही तरह के दुख थे। उतनी ही तरह की पीड़ाएँ थीं। बल्कि कविता की भाषा में कहा जाए तो उस देश में एक तरफ दुखों के विशाल पहाड़ थे तो दूसरी तरफ पीड़ाओं की कभी भी न सूखने वाली नदियाँ। हर पल पहाड़ और ऊँचे हुए जाते और नदियों में साल भर बाढ़ की स्थिति बनी रहती।

देश का भूगोल पूरी तरह से नष्ट-भ्रष्ट ही हो गया होता अगर उसे कविता की देवी का वरदान न मिलता। उस वरदान ने ही स्वर्णदेश को वह अपूर्व सन्तुलन प्रदान किया जिसकी वजह से दुखों के विशाल पहाड़ और पीड़ाओं की हरहराती नदियों के बावजूद वह देश न सिर्फ जीवित रहा बल्कि दिन दूनी रात चौगुनी की गति से आगे भी बढ़ता रहा। जाहिर है कि यह सब कविता के सहारे ही सम्भव हो पाया। ऐसे में उस देश के लोग सब कुछ छोड़ सकते थे पर कविता छोड़ दें, यह उनके लिए असम्भव बात थी।

कविता उनके लिए वह घर थी जिसमें उन्हें दुख और पीड़ाएँ कम सताती थीं। वहाँ वे कई बार दार्शनिक हो जाते तो कई बार आध्यात्मिक। कई बार कविता में वह दुखों और पीड़ाओं के खिलाफ एक बड़ी जंग ही छेड़ देते। और अक्सर वे यह लड़ाई कविता के मैदान पर जीत भी लेते। इस जीत से वे इतने खुश हो जाते कि वे उन दुखों के भयानक पहाड़ और पीड़ा की हरहराती नदियों के बारे में भूल ही जाते जिनकी वजह से उनका जीवन नरक बना हुआ था। पर यह पूरी तरह से सच नहीं था।

बहुत सारे कवि ऐसे भी थे जो दुखों के पहाड़ और पीड़ा की नदियों

के बारे में ही कविताएँ लिखा करते थे। उनका सपना था कि उनकी कविताओं में इतनी ताकत हो कि वे दुखों के इन बंजर पहाड़ों से पीड़ा की नदियों को पाट डालें और स्वर्णदेश को एक सुन्दर समतल मैदान में बदल दें। उस मैदान पर स्वर्णदेश के निवासियों के घर बनाए जाएँ। फसलें और बाग-बगीचे लहलहाएँ। स्कूल और अस्पताल बनें। कल-कारखाने लगाए जाएँ। इन मुद्दों पर बहुत सारी कविताओं के बावजूद यह सब सपना ही रहा क्योंकि एक तो इस तरह की कविताएँ बहुत ही कम लोगों को पसन्द आती थीं; दूसरे, स्वर्णदेश में सपने इतनी आसानी से पूरे भी नहीं होते थे। और कवियों के सपने तो शायद ही कहीं पूरे होते हों!

स्वर्णदेश के पिछले राजा अपने देश के लोगों के कविता-प्रेम से बखूबी परिचित थे। न सिर्फ परिचित थे बल्कि देश भर में कविता महोत्सव, कविता नदी, कविता पहाड़ आदि नामों से तरह-तरह के आयोजन भी करते रहते थे। वे कवियों को बड़े-बड़े इनाम देते थे। इसके अलावा जब कोई मौका आता, वे कवियों के प्रति सम्मान भी प्रदर्शित करते रहते थे। इतना ही नहीं, पिछले राजा उन कवियों के प्रति भी बहुत कोमल व्यवहार करते थे जो दुखों के पहाड़ और पीड़ाओं की नदियों पर कविताएँ लिखते हुए उनके लिए सीधे राजा को जिम्मेदार ठहराते थे।

वे राजा जरूर थे पर उन्हें इतना पता था कि अब जमाना बदल गया है। अब न तो पुराने तरह के राजाओं का जमाना रहा, न ही उनके प्रिय दरबारी कवियों का, जो राजा की तारीफ करते थे और इनाम पाते थे। अब नये तरह का राजतंत्र आ गया था जिसमें राजा का चुनाव सीधे प्रजा करती थी। न भी करती हो तो कम-से-कम उसे यह भ्रम तो दिया ही जाता था। ऐसे में जनभावनाओं का सम्मान करते हुए राजा कवियों का आदर करता था। इस बात से कविता के घर में ही रहनेवाली प्रजा भी खुश रहती थी और कविता को मान देनेवाले राजाओं को ही अपना राजा चुनती रहती थी।

नया चुनकर आया राजा भी एक खास कवि और उसके काव्यनायक की पूजा करता दिखाई देता था। वह इतना आम दृश्य था कि स्वर्णदेश

की प्रजा उसे बहुत बड़ा कविता-प्रेमी समझ बैठी और उसने राजा को अपने नये राजा के रूप में चुन लिया। इसके बाद प्रजा बहुत दिनों तक राजा के प्रिय कवि की कविताओं में डूबी रही। वह जैसे एक स्वत:स्फूर्त उत्सव था। वह बहुत मायावी उत्सव था। पीड़ा की नदियों में बाढ़ आ गई थी और दुखों का पहाड़ इतना ऊँचा हो गया था कि अब वह सूरज की रोशनी को भी रोकने लगा था।

इसके बावजूद प्रजा बहुत खुश थी। उसे लग रहा था कि पीड़ा की नदियों में आई बाढ़ उसकी जमीनों को उर्वर बनाएगी और दुखों के ऊँचे होते पहाड़ की वजह से उसे सूरज की गर्म और झुलसानेवाली किरणों का सामना नहीं करना पड़ेगा। उस उत्सव में जल्दी ही खलल पड़ गया। कवियों का एक बड़ा वर्ग ऐसा था जो नये राजा को पहले से ही सशंकित भाव से देख रहा था। राजा बनने के बाद राजा ने जो फैसले लिये, उसने तो और भी बहुतेरे कवियों की नींद उड़ा दी।

यह बहुत पुरानी बात है कि कवियों को नींद नहीं आती, पर नया राजा इस तथ्य से अनजान था। इसलिए जब उन कवियों ने पीड़ा की नदियों में आई बाढ़ और दुखों के पहाड़ की बढ़ती ऊँचाई के लिए राजा को जिम्मेदार ठहराते हुए कविताएँ लिखना और गाना शुरू किया तो नया राजा एकदम से बौखला ही गया। उसने पहले तो उन कवियों को उपेक्षित रखा पर जब उपेक्षा से भी उन कवियों को नींद नहीं आई और वे रात-रात भर कविताएँ लिखते रहे तब राजा की बेचैनी बढ़ी।

नये राजा में धैर्य नहीं था इसलिए बेचैनी की अधिकता में एक दिन उसने उन कवियों के विरोध में एक वक्तव्य जारी किया और कहा कि उन कवियों को यह अधिकार नहीं दिया जा सकता कि वे प्रजा की सच्ची उम्मीदों को ध्वस्त करें और मायावी उत्सव में खलल डालें। इसके बाद भी उन कवियों का रात-रात भर जागना और कविता लिखना नहीं रुका। राजा क्रोध से लाल हो गया। वह समझता था कि उसका हल्का-सा इशारा भी राजाज्ञा की तरह से लिया जाएगा पर यहाँ तो उसके वक्तव्य का भी कोई असर नहीं दिख रहा था!

राजा उन कवियों को गिरफ्तार ही करा देता पर सही समय पर गुप्तमंत्री आ गया। उसने कहा कि राजा को इस मसले को राजनीति से ही हल करना चाहिए। गुप्तमंत्री की सलाह पर राजा ने प्रजा के नाम जारी अपने अगले वक्तव्य में कहा कि वे कौन लोग हैं जो कविता के बहाने स्वर्णदेश और उसके लोगों को बदनाम कर रहे हैं? फिर राजा ने बताया कि वे पिछले राजा के चाटुकार हैं और वह यानी नया राजा उन्हें चाटुकारिता का मौका नहीं दे रहा है इसलिए वे उसे और उसके प्यारे देश और उसकी प्यारी प्रजा को बदनाम कर रहे हैं। पर आखिर प्रजा अपनी और अपने देश की यह बदनामी कब तक स्वीकार करेगी? उन कवियों को समझना चाहिए कि अगर वे अब भी नहीं रुके तो स्वर्णदेश की प्रजा उन्हें मिट्टी में मिला देगी।

अगले दिन से ही उन कवियों पर हमले शुरू हो गए। राजा ने कहा कि इन हमलों के लिए कवि खुद ही जिम्मेदार हैं, फिर भी वह इन हमलों की निन्दा करता है और प्रजा से शान्ति बनाये रखने की अपील करता है।

राजा की शान्ति बनाये रखने की अपील के बावजूद कवियों पर हमले नहीं रुके और हफ्ते भर के भीतर नौ कवियों को मार गिराया गया। इससे देश भर में खलबली मच गई। वह कविता में ही रहनेवालों का देश था इसलिए कवियों की हत्या को उन लोगों ने भी नहीं पसन्द किया जिन्हें उनकी कविताएँ समझ में नहीं आती थीं या कि वे उन्हें पसन्द नहीं किया करते थे।

राजा विदेश में था। विदेश से लौटते ही राजा ने कवियों पर हमले की कड़ी निन्दा की और सभी विरोधी कवियों को सुरक्षा देने का ऐलान किया। साथ में राजा ने यह भी कहा कि यह कवियों की भी जिम्मेदारी है कि वे स्वर्णदेश में शान्ति बनाए रखें। सभी प्रमुख कवियों की सुरक्षा में सैनिक लगा दिये गए। यह कवियों की सुरक्षा का सवाल था इसलिए सैनिकों को आदेश दिया गया कि वह पल भर के लिए भी कवियों को अकेला न छोड़ें।

कवियों को इसकी आदत नहीं थी कि वे दिन भर बन्दूकधारियों को अपने साथ लेकर घूमें। वे कविता लिख रहे होते तो उसी समय सैनिक अपनी निशानेबाजी का अभ्यास करने लगते। उनसे कहा गया था कि वे हर क्षण सतर्क रहें। कवि जब आँख मूँद कर पीड़ा की नदियों में गोते लगा रहे होते, ठीक उसी समय सैनिक राजा के प्रिय कवि की कविताओं का सस्वर पाठ करना शुरू कर देते। कवि अपनी कलम को पोंछकर कागज पर रखते ही कि एक धाँय की आवाज के साथ कलम उड़ जाती। कवि जब शिकायत भरे स्वर में सैनिकों की तरफ देखता तो सैनिक कवि से विनम्र स्वर में क्षमा माँगते और बताते कि इसमें कवि की सुरक्षा ही छिपी हुई है कि सैनिकों की निशानेबाजी एकदम दुरुस्त रहे।

इसके बावजूद उन कवियों को कविता लिखने से नहीं रोका जा सका। ऐसी कविताएँ लगातार लिखी जाती रहीं जिनमें दुखों के ऊँचे होते पहाड़ और पीड़ा की भयानक नदियों का जिक्र होता। ऐसी भी कविताएँ लगातार सामने आ रही थीं जिनमें राजा को भी सीधे तौर पर चित्रित किया जा रहा था। राजा उन कविताओं को देखता तो उसके चेहरे पर एक क्रूर मुस्कुराहट तैर जाती और इस बात से तो वह दंग ही रह जाता कि किसी कवि की अगली किसी कविता में उसकी वह क्रूर मुस्कुराहट जस की तस दर्ज होती। वह डर जाता। वह समझ नहीं पाता कि आखिर एकदम अकेले में भी वह जो कुछ सोचता या करता है, वह उन कवियों को कैसे पता चल जाता है? वह लाख कोशिशों के बावजूद कवियों को न तो डरा पा रहा था, न ही कविता लिखने से रोक पा रहा था।

गुप्तचरों से मिली एक और खबर ने उसे परेशान कर दिया था। राजा के कई विश्वस्त गुप्तचरों ने उसे बताया था कि प्रजा के बीच राजा की कविता-प्रेमी वाली छवि तेजी से खंडित हो रही है। प्रजा में यह सुगबुगाहट फैल रही है कि राजा का कविता-प्रेम एक दिखावा भर था, बाकी उसे किसी भी तरह की कविता में कोई दिलचस्पी नहीं है। उसने कविता के प्रति प्रेम का नाटक करके स्वर्णदेश की प्रजा को बेवकूफ बनाया था। राजा जब भी इन चीजों के बारे में सोचता, उसे कँपकँपी होती। बहुत

सोच-विचार और सलाह-मशविरे के बाद उसने पाया कि वह राजा बना रहे, इसका एकमात्र रास्ता यही है कि उन कवियों और उनकी कविताओं को नियंत्रित किया जाए।

अगले दिन प्रजा को सम्बोधित करते हुए राजा ने कहा कि पिछले दिनों कवियों के साथ जो दुर्भाग्यपूर्ण घटनाएँ घटी हैं, उनसे वह भीतर तक आहत है। वह समझता है कि स्वर्णदेश के लोग अपने कवियों और उनकी कविताओं से किस हद तक प्रेम करते हैं। वह खुद बचपन से ही कवि बनना चाहता था बल्कि अभी भी वह भीतर से कवि ही है। वह स्वर्णदेश की गौरवशाली कवि परम्परा पर गर्व महसूस करता है और चाहता है कि कविता से प्रेम करने की यह पावन परम्परा अगली सदियों तक भी जारी रहे। आगे से ऐसी कोई अप्रिय घटना न हो, इसलिए स्वर्णदेश का राजा होने के नाते वह कुछ स्थायी इन्तजाम करना चाहता है। राजा ने बताया कि कविता के लिए अलग से एक विभाग बनाया जा रहा है जिसके मंत्री गुप्तमंत्री होंगे।

इस ऐलान के बाद राजा प्रजा की प्रतिक्रिया जानने के लिए देर तक रुका। इस बीच गुप्तमंत्री राजा को मुग्ध भाव से देखता रहा। फिर राजा ने कहा कि प्रजा को यह भी जानना चाहिए कि हाल में कुछ कवियों के साथ जो अप्रिय घटनाएँ हुईं, उनके लिए कवियों की निरंकुशता ही ज्यादा जिम्मेदार थी। कवियों ने हमारी प्रजा की भावनाओं को चोट पहुँचाई थी। किसी को भी यह हक नहीं दिया जाना चाहिए कि वह किसी की भावनाओं को चोट पहुँचाए। कविता बहुत जिम्मेदारी का काम है, कवि को तो और जिम्मेदार होना चाहिए। इसलिए कविता लिखने के सन्दर्भ में आगे से कुछ नियम-कायदे तय किये जा रहे हैं जिनका हर कवि को पालन करना ही होगा।

स्वर्णदेश की सुरक्षा और सम्मान को देखते हुए अब कविता के लिए विषय निश्चित किये जा रहे हैं। इन विषयों से इतर जो कविता लिखेंगे, उन्हें कवि नहीं माना जाएगा। उनके साथ जो कुछ भी होगा, देश उसके लिए जिम्मेदार नहीं होगा।

इसके बाद गुप्तमंत्री ने विस्तार से बताया कि किन विषयों पर कविता लिखी जा सकती है और किन विषयों पर नहीं। गुप्तमंत्री ने यह भी कहा कि जीवन में सन्तुलन बहुत जरूरी है पर हमारे कवि अक्सर यह सन्तुलन भूल जाते हैं। इस वजह से वे ऐसे बहुत सारे विषयों को छोड़ देते हैं जिन पर कविताएँ लिखी जानी चाहिए, पर बहुत कम लिखी गई हैं।

इसलिए कवियों की यह जिम्मेदारी है कि वे पहले इन विषयों पर लिखें जिससे कि सन्तुलन स्थापित किया जा सके। उन्हें स्वर्णदेश के सम्मान में, राजा के सम्मान में, हमारे धार्मिक नायकों के सम्मान में, स्वधर्मी राष्ट्रीय नायकों के सम्मान में, हमारे सैनिकों के सम्मान में खूब-खूब कविताएँ लिखनी चाहिए जिससे कि इन कविताओं के माध्यम से देश और दुनिया में हमारे प्यारे स्वर्णदेश का नाम आलोकित किया जा सके। इसी तरह से पीड़ा की नदियों के अलावा भी बहुत सारी नदियाँ हैं और दुखों के पहाड़ के अलावा भी बहुत सारे पहाड़ हैं जिन पर लिखी जानी चाहिए।

अगर कवि इन पर लिखते हैं तो बाद में उन्हें दुखों के पहाड़ या पीड़ा की नदियों पर भी कुछ कविताएँ लिखने की छूट देने पर विचार किया जा सकता है। गुप्तमंत्री ने आगे कहा कि कौन-सी कविताएँ छपने लायक हैं और कौन-सी कविताओं से स्वर्णदेश के मान-सम्मान और शान्ति को खतरा है, इसका फैसला कविता सम्पादक मंडल करेगा। स्वर्णदेश के प्रमुख विश्वविद्यालयों के साहित्य विभागों से पाँच ऐसे आचार्य चुने गए हैं जिनकी स्वर्णदेश और उसके राजा के प्रति निष्ठा असन्दिग्ध है। लिखी जाने के बाद सारी कविताएँ कविता विभाग को भेजी जाएँगी और तब हमारा सम्पादक मंडल यह तय करेगा कि कौन-सी कविताएँ अभी छापी जाएँगी, कौन-सी कविताएँ कुछ साल रुककर छापी जाएँगी और कौन-सी कविताएँ कभी नहीं छापी जा सकेंगी।

अब समय आ गया है कि यह तय कर लिया जाए कि कवियों की निरंकुशता ज्यादा बड़ी चीज है या कि स्वर्णदेश की सुख-शान्ति और सम्मान।

सभी लोगों ने सभी सम्भव तरीकों से ताली बजाई। आखिर कौन हो सकता था जिसे स्वर्णदेश की सुख- शान्ति से एतराज होता? कविता लिखने

के बारे में इन दिशा-निर्देशों के बाद स्वर्णदेश में अजीब-सी कविता-स्थितियाँ पैदा हो गईं। वे कवि जो रात-रात भर जागकर दुख के पहाड़ों और पीड़ा की नदियों के बारे में कविताएँ लिखा करते थे, वे चुप हो गए।

वे रात-रात भर जागते पर कविता की एक पंक्ति भी न लिख पाते। दूसरी तरफ ऐसे अनेक नये कवि प्रकट हो गए जो दिये हुए विषयों पर धड़ाधड़ कविताएँ लिखे जा रहे थे। कवितामंत्री के रूप में गुप्तमंत्री ने उन कवियों का राजकीय सम्मान किया और कहा कि 'असली कवि यही लोग हैं जो किसी भी विषय पर कविता लिख सकते हैं। चुप हो गए कवि उन लद्धड़ विद्यार्थियों की तरह हैं जिन्हें बस एक ही सवाल का जवाब आता है। दूसरा सवाल पूछने पर वे बगलें झाँकने लगते हैं। यह हमारे राजा ही कर सकते थे जिन्होंने असली और नकली कवियों के बीच एक स्पष्ट विभाजक रेखा खींच दी है।'

ऐसा नहीं था कि स्वर्णदेश की प्रजा की पीड़ा और दुखों को अपनी कविता में जगह देनेवाले कवि चुपचाप बैठे हुए थे। वे बार-बार लिखते और काटते। कई बार तो कविताएँ पूरी भी हो जातीं जिन्हें वह मन-ही-मन बुदबुदाते फिर फाड़कर फेंक देते। उनकी सुरक्षा में लगे सैनिक उन टुकड़े-टुकड़े कागजों में देर तक कविताएँ खोजते रहते। कविताएँ अक्सर तो उन्हें मिलतीं ही नहीं और कभी मिल भी जातीं तो वे उन्हें समझ ही न पाते। कभी समझ में आ जाती तो वे निशानेबाजी का अभ्यास शुरू कर देते। उन्हें यही आदेश था।

पर कवि लोग भी कम शातिर नहीं थे। उन्होंने जल्दी ही कविता लिखने के कुछ ऐसे तरीके खोज निकाले कि एक बार तो राजा दंग ही रह गया। ऐसे ही एक कवि ने राजा का एकदम अलग ही चित्रण कर डाला। इस कवि के राजा में एक भी बुराई नहीं थी। वह राजा हर तरह से ईमानदार था। कभी झूठ नहीं बोलता था। उसने कभी भी किसी गलत व्यक्ति को मंत्री नहीं बनाया। उसे चाटुकारिता से भयानक चिढ़ थी।

इस हद तक कि कई बार तो उसने चाटुकारों को अपने राजमहल से उठवाकर बाहर फिंकवा दिया था। वह हमेशा अपनी कमियाँ जानना

चाहता था। यहाँ तक कि अखबारों वगैरह में भी अगर कोई उसकी झूठी तारीफ करे तो वह उस अखबार को मिलनेवाले सरकारी विज्ञापन आदि पर रोक लगा देता था। वह फकीर की तरह रहता और खाता-पीता था। बेईमानी न तो वह खुद करता था, न ही अपने किसी भी छोटे-बड़े सहयोगी को करने देता था। अब तक राज्य की आम प्रजा का खून चूसनेवाले पूँजीपति उसके नाम से ही थरथर काँपते थे।

इसी तरह से उस कवि ने राजा की और भी न जाने कितनी अच्छाइयों का वर्णन किया। सम्पादक मंडल कवि के झाँसे में आ गया और किताब प्रकाशित हो गई। पर हुआ यह कि कवि की वह किताब छपकर आई ही थी कि उसे गिरफ्तार कर लिया गया। उस पर आरोप था कि वह राजा की छवि खराब कर रहा है। ऐसा राजा स्वर्णदेश तो क्या, दुनिया के किसी भी देश में मुमकिन नहीं है।

राजा ने गुप्तमंत्री से कहा, 'मेरी छवि इतनी तो उन कवियों ने भी नहीं खराब की जो मेरा विरोध करते हैं। इस कवि को सख्त से सख्त सजा मिलनी चाहिए ताकि दूसरे तमाम कवि ऐसा कुछ लिखने से पहले कम-से-कम सौ बार सोचें।' राजा ने आदेश दिया कि उस राजाद्रोही कवि की किताब की सभी प्रतियाँ जब्त कर ली जाएँ और उन किताबों की लुग्दी बनाकर कवि के पिछवाड़े में तब तक डाला जाए जब तक कि वह मर ही न जाए।

इस पर तुरन्त ही गुप्तमंत्री ने राजा को याद दिलाया, 'हुजूर इस किताब में कुल एक हजार पन्द्रह बार आपका भी नाम आया है। इस तरह की सजा तो खुद राजा की यानी कि आपकी ही अवमानना हो जाएगी।'

राजा गुप्तमंत्री की इस तत्परता से बहुत खुश हुआ। वह इस बात से भी बहुत खुश हुआ कि गुप्तमंत्री ने राजा यानी कि खुद उसके नाराज होने की परवाह किए बिना राजा की गरिमा का मान रखा। राजा ने उसे गले लगाया और अपने कर्तव्य पालन के लिए बधाई दी।

इसके बाद अपने संशोधित आदेश में राजा ने कहा, 'कवि को एक कैंची दी जाए और उससे कहा जाए कि वह अपनी पुस्तक की सभी

प्रतियों से राजा का नाम ससम्मान काटकर उन्हें निकाले और जोर-जोर से उन्हें पढ़ता हुआ एक-एक कर अपने घर की दीवारों पर चिपकाता जाए। इसके बाद ही उसे वह सजा दी जाए जिसका आदेश पहले दिया गया था।'

यह अलग बात है कि इसके बाद भी वह कवि आश्चर्यजनक तरीके से बच गया। उसने राजा का नाम अपनी किताब से काटने में बहुत सारा समय लगाया और इस बहाने लगभग पूरी किताब ही काटकर चिपका डाली। राजा के आदेश के पालन में बचे हुए कागजों की लुग्दी बनाकर उसके पिछवाड़े में डाला तो गया पर इस लुग्दी ने उसकी घातक बवासीर पर मलहम का ही काम किया।

कुछ दूसरे कवियों ने दुश्मन देश के राजा के खिलाफ कविताएँ लिखनी शुरू कर दीं। इसमें उन्हें अलग से कुछ नहीं करना था। वे पहले की तरह ही राजा के खिलाफ कविताएँ लिखते और नीचे लिख देते कि यह कविता पड़ोसी देश के राजा पर हैं जिसके अत्याचारों से पड़ोसी देश की प्रजा त्राहि-त्राहि कर रही है। कितना अच्छा हो कि उन्हें भी स्वर्णदेश के राजा जैसा राजा मिले। ये कवि कुछ दिन तक तो बचे रहे और अपनी कुछ नई किताबें छपवाने में कामयाब भी हो गए, पर राजा ने उन्हें भी एक दिन पकड़ ही लिया।

एक दिन जब उनमें से कुछ राजा के राजा बनने की तीसरी वर्षगाँठ पर राजा की उपस्थिति में कविता पाठ कर रहे थे तो राजा अचानक से भड़क गया। उसने चिल्लाते हुए सभी कवियों को बन्दी बना लेने का आदेश दिया। बाद में उसने गुप्तमंत्री को गुदगुदी करते हुए बताया कि क्या वह जानता नहीं कि कौन-सी बुराइयाँ उसके अन्दर हैं और कौन-सी पड़ोसी राजा के अन्दर? ये कवि लोग अपने को बहुत चालाक समझते हैं। ये पड़ोसी राजा के बहाने उसकी ही बुराई कर रहे थे।

अनेक कवियों ने कविता का शिल्प ही त्याग दिया। वे अपने लिखे को 'टूटा-फूटा गद्य', 'पागलपन की डायरी', 'न तुक की, न ताल का' जैसे अजीबोगरीब नाम देते और पत्रिकाओं में छपा लेते। गुप्तमंत्री ने

उनकी भी चालाकी पकड़ ली और नई आज्ञा जारी की कि कवियों को सिर्फ कविता लिखने का ही अधिकार है। वे कुछ और लिखना चाहते हैं तो उन्हें इसके लिए विशेष अनुमति लेनी होगी और कारण बताना होगा कि उन्होंने कविता लिखना क्यों बन्द कर दिया है। सैनिकों से कहा गया कि कवियों द्वारा लिखित जवाब न देने की स्थिति में उनसे कलम और कागज विनम्रतापूर्वक छीन लिया जाए। उनके टाइपराइटर और कम्प्यूटर उनसे माँग लिये जाएँ और उन कवियों के हवाले कर दिये जाएँ जो राजा द्वारा सुझाए गए विषयों पर कविता लिखना चाहते हैं। संसाधनों को सिर्फ उनके पास होना चाहिए जो उनका स्वर्णदेश और उसके राजा के हित में सही उपयोग जानते हों।

कवि चुप हो गए थे। वे दिन-रात अस्फुट स्वरों में न जाने क्या बड़बड़ाते रहते! उनकी बड़बड़ाहट स्वर्णदेश की हवा में अजीब-सी बेचैनी पैदा कर रही थी। स्वर्णदेश की कविता-प्रेमी प्रजा पहले से ही बेकल-विह्वल थी। मायावी उत्सव का जादू तार-तार हो रहा था। प्रजा फिर से उन कवियों को ढूँढ़ रही थी जो दुखों के पहाड़ और पीड़ाओं की नदियों के बारे में कविताएँ लिखा करते थे। प्रजा की समझ में ही नहीं आ रहा था कि आखिर राजा को इन कवियों से क्या परेशानी हो रही थी। अगर दुख और पीड़ा की बात कविता में भी नहीं की जा सकती तो फिर कहाँ की जा सकती है?

जल्दी ही लोग अपनी-अपनी पसन्द की कविताओं के लिए सड़कों पर उतर आए। उन्होंने एक स्वर में ऐलान किया कि राजा कुछ भी करे, उन्हें कोई खास मतलब नहीं, पर कविताओं पर किसी भी तरह का प्रतिबन्ध बर्दाश्त नहीं किया जा सकता। अपनी पसन्द की कविताओं को जोर-जोर से पढ़ते हुए प्रजा ने राजमहल को सब तरफ से घेर लिया। कविताओं के शोर और संगीत से राजा का महल काँप रहा था।

उधर दुखों के पहाड़ या कि पीड़ा की नदियों पर तैर रही बहुत सारी कविताएँ जिन्हें कवियों द्वारा लिखा जाना था, इन्तजार करते-करते थक गई थीं। वे व्यग्र होकर हवा में इधर-उधर चक्कर काट रही थीं। देखते ही देखते वे कविताएँ

लोगों की साँसों में समा गईं। लोग साँस लेते और कोई तीखी कविता उनके भीतर का हिस्सा बन जाती। हवा बहती तो उसमें कोई बेचैन कविता सुनाई पड़ती। हवा चुपचाप लोगों के कान में कोई कविता गुनगुना जाती। बारिश होती तो सब तरफ कविताएँ ही कविताएँ नजर आतीं। कविताओं के असर से लोग भीग-भीग जाते।

राजा इन स्थितियों से अनजान नहीं रहा। वह जान चुका था कि स्थितियाँ अब उसके काबू के बाहर चली गई हैं। स्थितियों पर काबू करने की आखिरी कोशिश के रूप में राजा ने हवा को आदेश दिया कि वह बहना बन्द कर दे। बदले में हवा ने राजा को जी भरकर कविताएँ सुनाईं। राजा ने बारिश को बरसने से मना किया। बदले में बारिश ने कविताओं की ऐसी बारिश की कि कविताओं की बाढ़ में राजा बह ही गया। यह बारिश बहुत ही अलबेली थी। दुखों का पहाड़ कविताओं की मार से बौना नजर आ रहा था और पीड़ाओं की नदियों का पानी इतना पारदर्शी हो गया था कि नदियों के तल में छुपी हुई पीड़ाएँ भी साफ-साफ पहचानी जा सकती थीं।

पीछे चलो, भविष्य कहीं नहीं है

स्वर्णदेश का राजा एक पल को भी चैन से नहीं बैठता था। उसे स्वर्णदेश की प्रजा की चिन्ता खाए जाती थी। ऊपर से वह स्वर्णदेश के इतिहास और भूगोल को लेकर अलग से परेशान रहता था। वह हमेशा इस चिन्ता में गला करता था कि किस तरह से स्वर्णदेश का भूगोल बदल दे और इतिहास के तमाम दाग-धब्बों को भी निकाल फेंके। यही नहीं, वह स्वर्णदेश के भविष्य को लेकर भी परेशान रहा करता था और यह सोचकर तो उसे चक्कर ही आ जाता था कि किसी दिन वह नहीं रहा तो स्वर्णदेश और उसकी प्यारी प्रजा का क्या होगा।

इसलिए राजा किसी ऐसे उपाय की तलाश में था जिससे कि ये सारी समस्याएँ दूर की जा सकें और स्वर्णदेश की सुख-शान्ति को स्थायी बनाया जा सके। राजा लगातार चिन्तन-मनन करता रहता था इसलिए वह पक्का चिन्तक हो गया था। हालाँकि इस बात का पता राजा को अब तक नहीं चला था पर राजा के सभी सहयोगी और चाहनेवाले इस बात को बचपन से ही जानते थे। बल्कि राजा के चिन्तक और युग-निर्माता होने का साक्ष्य तो स्वर्णदेश की बहुत सारी धार्मिक पुस्तकें भी देती थीं। इसलिए राजा के चिन्तक और युग-द्रष्टा होने में किसी को भी कोई सन्देह नहीं था।

तो हुआ यह कि एक दिन राजा जब अपने राजदरबार में स्वर्णदेश के भविष्य पर चिन्ता कर रहा था तो अचानक से उसके मन में एक खयाल

उतरा। यह खयाल इतना दैविक था कि राजा को कँपकँपी-सी हो आई। वह बहुत देर तक इस अनुभूति में खोया रह गया। इस बीच दरबारी शान्त होकर राजा के चेहरे की तरफ श्रद्धा भाव से देखते रहे। उन्होंने ऊपर से उतरती उस पवित्र ज्योति को देख लिया था जो सीधे राजा की आँखों में समा गई थी। और तब से राजा की आँखें जस की तस मुँदी हुई थीं।

बहुत देर बात राजा ने आँखें खोलीं तो पाया कि सारे दरबारियों की आँखें मुँदी हुई हैं। राजा के अनुकरण में सभी दरबारी ध्यानावस्था में चले गए थे। राजा खुश हुआ पर अपनी खुशी छिपाते हुए हल्का-सा खाँसा। यह खाँसी राजा की सिग्नेचर ट्यून थी जिसे दरबारी नींद में भी पहचान लेते थे। तत्काल ही सभी दरबारी ध्यानावस्था से बाहर आ गए। उन्होंने पाया कि राजा के चेहरे पर कुछ परम पा लेने की शान्ति है। दरबारी समझ गए कि अब राजा ऐसा कुछ बोलने वाला है जो स्वर्णदेश के इतिहास में स्वर्णाक्षरों में लिखा जाएगा। वे चुप होकर राजा के बोलने का इन्तजार करने लगे।

अचानक राजा की आवाज गूँजी : 'भविष्य क्या है?' वह जोर से बोला।

सभी दरबारी एक दूसरे का मुँह देखने लगे। उनमें से बहुतों के पास अपने-अपने जवाब थे पर वे जानते थे कि राजदरबार में हकलाहट-भरे अज्ञान का बहुत महत्त्व होता है इसलिए वे बिना एक भी शब्द बोले एक साथ हकलाने लगे।

इस हकलाहट से पैदा हुई आवाज राजा को बहुत प्रिय थी। यह उसमें आत्मविश्वास पैदा करती थी। इसलिए खुश होकर उसने खुद ही जवाब दिया, 'भविष्य एक भ्रम है।' अब राजा कुछ देर तक बोलते ही रहनेवाला था, 'भविष्य भ्रम है और भ्रम ही भविष्य है इसलिए हमें किसी भ्रम में नहीं रहना चाहिए।' दरबारियों के चेहरे पर कुछ अबूझ बूझते हुए राजा ने कहा, 'चलो, इसे दूसरी तरह से कहता हूँ। भविष्य क्या है? आनेवाला कल। जो आनेवाला कल है, वह कल वर्तमान बन जाएगा और परसों अतीत। भविष्य और वर्तमान अतीत में बदल जाते हैं पर एक

अतीत ही है जो कभी नहीं बदलता। वह सूरज और चाँद की तरह सदा स्थिर रहता है बल्कि उसका भंडार बढ़ता ही जाता है। इसलिए हमें उसी की उपासना करनी चाहिए। वह अतुलित फल देनेवाला है।'

राजा कुछ देर तक प्राणायाम के लिए रुका। प्राणायाम के उपरान्त प्रकट हुए अतुलनीय तेज के साथ वह दोबारा बोलने को तत्पर हुआ। दरबारी भक्ति-भाव से उसके बोलने का इन्तजार कर रहे थे।

राजा ने कहा, 'अगर 'भविष्य' शब्द सुनने में ज्यादा अच्छा लगता है तो ऐसे समझो कि भविष्य अतीत में बदलता है इसलिए अतीत भविष्य में भी बदल सकता है। बल्कि अतीत ही हमारा भविष्य है। जब तक उसका राज रहेगा, हमें इस सिंहासन से कोई हिला भी नहीं सकता; बल्कि इसी के साथ हमें वह सूत्र भी मिल गया है जिससे हम इतिहास के दाग-धब्बों को हमेशा-हमेशा के लिए साफ कर सकेंगे। हमें भविष्य में नहीं, इतिहास में अमर होना है।'

इसके बाद राजा ने इस मसले पर दरबारियों से उनकी राय पूछी।

सभी दरबारी राजा की बात को मुग्ध होकर सुन रहे थे इसलिए उन्हें जवाब देने में समय लगा। राजा इस बात को अच्छी तरह समझता था, इसलिए उसने इस बात का बुरा नहीं माना, पर एक बार दरबारियों ने अपनी बात रखनी शुरू की तो उनके बीच जैसे होड़ लग गई। हर कोई पहले अपनी बात रखना चाहता था। जैसे एक ने कहा कि 'राजा जी एकदम सही कह रहे हैं, समय चक्रीय होता है।' दूसरे ने कहा कि 'स्वर्णदेश के धर्मशास्त्र भी राजा की बात का समर्थन करते हैं।' तीसरे ने कहा कि 'महामहिम सही कह रहे हैं, भविष्य अंधकार में पड़ा हुआ है बल्कि अंधकार ही भविष्य है।'

इसी तरह से बहुत सारे दरबारी बहुत सारी बातें करते रहे जिनमें भविष्य, अंधकार, भ्रम, अतीत, झूठ आदि का बारंबार उल्लेख किया गया था।

राजा दरबारियों की बातें सुनकर बहुत खुश हुआ। उसने सिंहासन पर बैठे-बैठे ही एक-एक दरबारी की पीठ थपथपाई और कहा, 'आज तक हमारी योजनाएँ इसलिए असफल होती रही हैं कि हम उस भविष्य

को ध्यान में रखकर योजनाएँ बनाते रहे जोकि असल में कहीं है ही नहीं। हम भ्रम में थे और हैरत की बात यह है कि अपने-आपको बुद्धिजीवी कहनेवाले लोगों की समझ में भी यह बात आज तक नहीं आई। इसी से यह भी समझ में आता है कि हमारे बुद्धिजीवी किस तरह अज्ञान में जी रहे हैं।'

इसके बाद राजा ने कहा, 'अब हम उन गलतियों को नहीं दोहराएँगे जो अभी तक करते आए हैं। अब हम सारी योजनाएँ अतीत को ध्यान में रखकर बनाएँगे जोकि हमारा जाना-पहचाना है। आगे अंधकार में कूदने की बजाय यह बेहतर है कि हम पीछे लौट चलें जहाँ स्वर्णदेश का स्वर्णिम अतीत हमारी प्रतीक्षा कर रहा है। इसलिए हम भरी सभा में आज यह आदेश देते हैं कि स्वर्णदेश के सभी विभाग आगे की सारी योजनाएँ हमारे स्वर्णिम अतीत को ध्यान में रखकर बनाएँ। यही सच्चा रास्ता है जिस पर चलकर हम वह सब कुछ पा सकते हैं जो हम पाना चाहते हैं। इस सम्बन्ध में जरूरी दिशा-निर्देश कल ही जारी किए जाएँगे।'

दरबारी सकते में आ गए। अभी तक वे इसे राजा की चुहल मात्र समझ रहे थे पर राजा गम्भीर था। उनकी समझ में ही नहीं आ रहा था कि अतीत को ध्यान में रखकर काम करना भला किस तरह से सम्भव हो पाएगा? क्या स्वर्णदेश का कैलेंडर अब आगे जाने की बजाय पीछे जाएगा? याकि कैलेंडर तो आगे जाता रहेगा और हम पीछे जाते रहेंगे। बहुत भ्रम था जबकि राजा अभी थोड़ी देर पहले कह ही चुका था कि भविष्य भ्रम है, तो कुल मिलाकर सारे दरबारी इसी भ्रम और भविष्य के बीच झूल रहे थे। अन्ततः उन्होंने वही किया जो ऐसी स्थिति में वे हमेशा किया करते थे। उन्होंने जोर से राजा की जय बोली और इस सम्बन्ध में अगले दिन जारी होनेवाले दिशा-निर्देशों का इन्तजार करने लगे।

अगले दिन जारी निर्देशों में बताया गया कि वर्तमान कैलेंडर के समानांतर एक दूसरा कैलेंडर जारी किया जा रहा है जो इतिहास में हमारे राजा के नाम से जाना जाएगा। यह कैलेंडर पीछे की तरफ जाएगा। इस

तरह से हर दिन उस बीत गई तारीख की—चाहे वह कितने सौ या हजार साल पुरानी ही क्यों न हो—गलतियाँ दुरुस्त की जाएँगी। इस तरह से एक दिन अतीत की सभी गलतियाँ दुरुस्त कर दी जाएँगी और इतिहास के सभी दाग-धब्बों को हमेशा के लिए साफ कर दिया जाएगा। स्वर्णदेश इस दुनिया में पहला देश होगा जो इस तरह से अपने इतिहास को सुनहरा बनाएगा और दुनिया भर के लोगों के लिए यह एक अनुकरणीय बात होगी।

अगले ही दिन से सभी लोग काम पर लग गए। काम बहुत था इसलिए सभी मंत्रियों और दरबारियों को निर्देश दिया गया कि इस काम में किसी भी तरह की कोताही बर्दाश्त नहीं की जाएगी। राजा के राज में कोताही का तो खैर सवाल ही नहीं था पर गलतियों को किस तरह से दुरुस्त किया जाए, यह सवाल तो था ही। उससे बड़ा सवाल यह था कि किन बातों को गलतियाँ माना जाए और किन्हें न माना जाए। गलतियों को मानने या न मानने के पीछे आधार क्या हो? पूरा स्वर्णदेश इस भ्रमपूर्ण स्थिति का शिकार हो ही जाता कि राजा तक बात पहुँची। राजा ज्यादा सोचने-समझने के चक्कर में नहीं पड़ता था।

वह तो बस परम प्रभु का ध्यान लगाता था और गुप्तमंत्री के साथ गुप्त बातें करता था। इतने से उनके मन के सभी संशय दूर हो जाते थे। उसने यह किया और अगले ही दिन ऐलान किया कि 'इस सन्दर्भ में ज्यादा सोचने की जरूरत नहीं है। ज्यादा सोचना बौद्धिक काहिलों की निशानी है। बस, इतना करते जाना है कि जो भी बात राजा के राजा बने रहने में सहायक है, वह सही है और जो बात इसके विरोध में जाती है, वह गलत है। जो भी बात स्वर्णदेश के राजा के धर्म, जाति, भाषा, रंग, राजनीति और धंधे के अनुकूल है, वह सब सही है और इसके उलट जो भी बातें हैं, वे सब हमें ठीक करनी हैं। क्योंकि इसमें तो किसी को कोई सन्देह नहीं ही होना चाहिए कि राजा के राजा बने रहने में ही प्रजा का हित है।'

राजा के इस उद्‌बोधन के बाद मंत्रियों के संशय जाते रहे। अब वे पूरी ताकत से स्वर्णदेश के अतीत को दुरुस्त करने लगे। शुरुआत में

सड़कों के नाम बदले गए क्योंकि वे नाम स्वर्णदेश को उन लोगों की याद दिलाते थे जिन्हें राजा पसन्द नहीं करता था। स्वर्णदेश में सभी दरबारी राजा पर अगाध विश्वास करते थे। राजा ने खुद बार-बार सबको बताया था कि 'वह स्वर्णदेश की अन्तरात्मा है। और अगर किसी को राजा की बात समझ में नहीं आ रही है तो, या तो वह मूर्ख और पतित है कि वह स्वर्णदेश की अन्तरात्मा को नहीं समझ पा रहा है, या फिर वह शत्रुओं का गुप्तचर है।' राजा की ये बातें प्रजा से लेकर दरबारियों तक—सभी को कंठस्थ थीं।

तो इस तरह सड़कों के नाम बदलने के बाद गाँवों, कस्बों और शहरों के नाम बदले गए। पुराने अपवित्र नाम बदलकर इन सबको ऐसे नाम दिये गए जिनमें दूर से ही सुनहरापन चमकता था। इसी तरह स्वर्णदेश की भाषा और साहित्य में जो बाहरी शब्द प्रवेश कर गए थे, उन्हें बाहर निकालने का लम्बा अभियान चला। यह अब तक का सबसे कठिन काम निकला। पिछले राजाओं के समय में स्वर्णदेश की भाषा में बाहरी और विधर्मी भाषाओं के शब्द कुछ इस तरह से घुल-मिल गए थे कि पता ही नहीं चलता था कि कौन-सा शब्द किस भाषा का है। प्रजा के नाम सन्देश में राजा ने इस स्थिति पर गहरा दुख व्यक्त किया और कहा कि वह इस मसले पर विद्वानों की एक समिति का गठन कर रहा है।

यह समिति अपने काम के प्रति इस कदर गम्भीर थी कि इसके कुछ सदस्यों ने सबसे पहले अपने नामों को ही बदल डाला। सदस्यों के इस कदम ने राजा और प्रजा, दोनों को खुश कर दिया और उनमें भरोसा जगाया कि वे यह काम सफलतापूर्वक कर सकेंगे और उन्होंने भरोसे पर पूरी तरह से खरा उतरकर दिखाया। स्वर्णदेश की भाषा से ऐसे सारे शब्द निकाल फेंके गए जो विधर्मी लोगों, भाषाओं या कि संस्कृतियों की याद दिलाते थे। इस तरह से स्वर्णदेश की भाषा दुनिया की पहली ऐसी भाषा बनी जिसमें किसी भी दूसरी भाषा का एक भी शब्द नहीं था। स्वर्णदेश की भाषा के लिए यह बहुत ही स्वाभाविक था कि वह चौबीस कैरेट शुद्ध हो। पर यहीं से तमाम मुश्किलें भी शुरू हुईं।

सड़कों, शहरों, नदियों, पहाड़ों और जंगलों के नाम बदल देने से शुरुआत में तो लोग बहुत खुश हुए। उन्हें लगा कि कुछ नया हो रहा है स्वर्णदेश में। पर जल्दी ही वह इन सारी चीजों के प्रति विरक्ति से भर गए। नये नामों के प्रति उनमें उत्साह तो बहुत था, पर वह लगाव या परिचय की भावना कहीं बहुत ढूँढ़ने पर भी नहीं मिलती थी जिससे कि पहले वे भरे रहते थे। शहरों की हवा और पानी तक में यह अपरिचय और अलगाव घुल गया था। उनकी समझ में ही न आता कि मात्र कुछ नाम बदल भर जाने से उनके भीतर इतने बड़े बदलाव क्योंकर हो रहे हैं।

जल्दी ही स्वर्णदेश के लोगों ने पाया कि वे किसी भूलभुलैया में फँस गए हैं। वे मंदिर जाने के लिए निकलते और श्मशान पहुँच जाते। ऑफिस जाने के लिए निकलते और किसी परेड में पहुँच जाते। बच्चे स्कूल जाने के लिए निकलते और किसी अनाथालय या बूचड़खाने में पहुँच जाते। रास्तों में मिलनेवाले पहचान के चिह्न, जिनकी तरफ उनका अक्सर ध्यान भी नहीं जाता था, पर वे उँगली पकड़कर लोगों को सही जगह पहुँचा ही दिया करते थे। इनमें से ज्यादातर चिह्न इतिहास के दाग-धब्बे मानकर मिटा दिये गए थे। जगह-जगह सफेदी पोत दी गई थी। इमारतें समतल मैदानों में बदल दी गई थीं। विश्वविद्यालय अजायबघर बन गए थे। सब कुछ उलट-पलट गया था।

बाद में यह समस्या और विकट हुई। हुआ यह कि जब यह भूल-गलती भाषा के भीतर भी सुधारी जाने लगी तो स्वर्णदेश के सभी लोग कमोबेश अपनी भाषा खो बैठे। वे जो भी वाक्य बोलते या लिखते, उनमें कम-से-कम आधे शब्दों की जगह खाली छूट जाती। उनकी जगह पर उनके मुँह से हवा की सनसनाहट निकलती। इस तरह से उनका बोलना इस सनसनाहट के बीच कुछ जानी-पहचानी ध्वनियों का उच्चारण भर रह गया। यह और भी भयानक था कि हटाये गए शब्दों की अनुपस्थिति में बचे हुए शब्द भी अपना अर्थ खो बैठे। इस तरह से स्वर्णदेश के लोग कुछ भी बोल सकने में या कि लिख सकने में असमर्थ होते गए।

उनकी बोली-भाषा दिव्यांग हो गई थी और इसी के साथ उसके अर्थ न जाने कहाँ उड़ गए थे!

भाषा के बाहर निष्कासित शब्दों और उनके अर्थों ने लोगों के सपनों पर हमला बोल दिया। वे सारे शब्द जो दिन में गलती से भी जुबान पर आने वर्जित थे, वे सपनों में जी भरके उत्पात मचा रहे थे। इसी तरह वे सारी गलियाँ, सड़कें, इमारतें और शहर जैसे सब-के-सब सपनों में नया जीवन पा रहे थे। लोग उन्हें अब तक बरतते आए थे पर कई बार उन्हें उसका इतिहास-भूगोल भी नहीं पता था। यह एकदम उसी तरह से था कि कोई यह न जाने कि उसके द्वारा ली गई साँस में कितने फीसदी ऑक्सीजन और कितने फीसदी नाइट्रोजन या कि अन्य चाही-अनचाही गैसें हैं पर इसका मतलब यह थोड़े था कि वह साँस ही नहीं लेता। ये सपने लोगों को साँस लेने में भी मुश्किल पैदा कर रहे थे। उनकी साँसें फूल रही थीं।

राजा को जब इन उत्पाती सपनों के बारे में पता चला तो उसने कहा, 'मुझे तो पहले ही पता था कि ये शब्द इतिहास में हमलों की सूचना देते हैं इसलिए इन शब्दों के हमलावर होने पर मुझे अचरज नहीं है। बल्कि प्रजा का कर्तव्य है कि वह इन हमलों का बहादुरी से मुकाबला करे। एक बार हम यह मुकाबला जीत गए तो हम दुनिया के पहले ऐसे राष्ट्र होंगे जो वह कर दिखाएँगे जो फंतासी भरी विज्ञान कथाओं से भी ज्यादा फंतासी से भरा हुआ होगा। हम वहाँ से सोचना शुरू करेंगे जहाँ दुनिया भर के लोगों की कल्पनाएँ भी दम तोड़ रही होंगी। हम जानते हैं कि प्रजा का समर्थन पूरी तरह से हमारे साथ है। इस विकट मुकाबले में हम भी हर पल प्रजा के साथ खड़े हैं। प्रजा चाहेगी तो हम इस सन्दर्भ में उसे जरूरी सैनिक सुरक्षा मुहैया कराएँगे।'

इसके बाद जो चीजें हुईं, वे सचमुच कल्पना के परे थीं। लोग अपने राजा से बहुत प्यार करते थे इसलिए वे अपनी जान देकर भी राजा का साथ देनेवाले थे। पर इस बार यह मामला बहुत जटिल हो गया था। वे राजा के लिए अब भी जान देने को तैयार थे पर 'जान' शब्द ही

स्वर्णदेश की भाषा से निष्कासित कर दिया गया था। ऐसी स्थिति में उन्हें धुँधला-धुँधला सा यह तो याद आता कि कुछ देना है पर क्या देना है, वे यह सोच ही न पाते। वे आपस में बहस करते, अन्दाजा लगाते, ध्यान लगाते, प्राणायाम करते पर इनमें से कोई भी चीज उस बाहर निकाल दिये गए शब्दों की जगह पर निकलती सनसनाती आवाज को अर्थ न दे पाती। यह बात पहले से ही भूलभुलैया में भटकते हुए लोगों की परेशानी और बढ़ा देती।

उधर राजा भी कम परेशान नहीं था पर वह योद्धा की तरह जूझ रहा था। वह हर दिन इतिहास की कोई खोई हुई सुरंग तलाशता और उसमें प्रवेश कर जाता। वह बहादुरी से लड़ता पर उसके अजेय कवचों के बावजूद वह कहीं-न-कहीं चोट खा ही बैठता। उसकी वीरता में कोई कमी नहीं थी पर इन सुरंगों में ऐसी अनेक चीजें मिलतीं जिनसे लड़ने की उसकी कोई तैयारी न होती। ऐसे व्यूह मिलते जो देर तक फँसाए रखते। ऐसे लोग मिलते जो उसकी कल्पनाओं में भी न समाते। हर बार वह इन सुरंगों के बाहर फेंक दिया जाता। इतिहास में रह रहे लोगों ने बहुत सारी लड़ाइयाँ लड़ी थीं। वे बेइन्तिहा थके हुए थे और किसी नई लड़ाई में नहीं उलझना चाहते थे। उनके अपने सुख-दुख थे, स्मृतियाँ और पश्चात्ताप थे। वे शान्ति से उनमें डूबे रहना चाहते थे। उनकी शान्ति की चाह कुछ इस कदर बढ़ गई थी कि अक्सर वे उन्हीं लोगों के कंधों पर सिर टिकाये मिलते, जिनसे वे जीवन भर लड़ते रहे थे।

राजा यह सब देखता और कुछ भी न समझ पाता। सारी ऐतिहासिक लड़ाइयाँ उसके भीतर उलट-पुलट गई थीं। एक मीडिया को छोड़ दें तो बाकी हर तरफ से वह अकेला पड़ रहा था। कुछ शब्दों के बाहर फेंक दिये जाने की वजह से उसके और गुप्तमंत्री के बीच का वह पवित्र सम्बन्ध भी अपरिचय और सन्देहों से भर गया था। जब वह याद करता, गुप्तमंत्री अभी भी प्रकट हो जाता पर पहले की तरह अब वह राजा का दुख-दर्द समझ ही नहीं पाता था। ऐसे में राजा को रोना आता। उसका

रोना देखकर गुप्तमंत्री भी रोने लगता पर उनका यह रोना भी उनके बीच की खाली जगह को न भर पाता।

इस सबके बावजूद राजा ने हार नहीं मानी। मीडिया और धन्ना सेठ अभी भी उसके साथ थे। हालाँकि वे दोनों एक ही थे पर राजा उन्हें अलग-अलग करके देखता था। इससे उसे दोहरी ताकत का भरोसा मिलता था। वह प्रजा से भी लगातार अपील करता रहता था कि प्रजा भी उन्हें अलग-अलग करके ही देखे। इससे राज्य और राजा को ताकत मिलती थी। स्वर्णदेश के हित में प्रजा यह करती भी रहती थी पर भाषा से तमाम शब्दों के मार भगाए जाने के बाद ये चीजें गड़बड़ा गई थीं। प्रजा खुद ही तमाम तरह के भ्रमों और परेशानियों से घिर गई थी। उसे सब्जी खरीदने या कि रास्ता पूछने जैसी छोटी-छोटी बातों के मसले पर भी उसी अर्थहीन सनसनाती हुई हवा का सहारा लेना पड़ता जिसका सामनेवाला भी उसी तरह से जवाब देता।

ऐसे में जब धीरे-धीरे अकेला पड़ता हुआ राजा मुश्किल में फँसा तो प्रजा के नाम लगाई गई उसकी आर्त गुहार का कोई असर ही नहीं हुआ। अगर प्रजा तक उसकी बात पहुँच पाती तो प्रजा उसकी मदद जरूर करती पर यह भला कैसे होता? हुआ यह कि राजा हर रोज इतिहास के किसी दाग-धब्बे को मिटाने के लिए अतीत की तरफ जानेवाली किसी-न-किसी सुरंग में प्रवेश कर जाता। अक्सर वह चोट ही खाकर लौटता पर मीडिया की मदद से उसकी चोट वीरता की निशानी में बदल जाती और वह ताकत अर्जित कर लेता। लेकिन मीडिया की बहुत सारी ताकत उन खुली हुई सुरंगों से निकले हुए उन सैनिकों से लड़ने में खर्च हो जाती जिनकी सदियों की नींद तोड़ दी गई थी।

उन्हें यह पता चल गया था कि राजा पीछे की तरफ लौट रहा है इसलिए लड़ाई अपरिहार्य थी। इतिहास के दुश्मन इस मसले पर एक हो गए थे कि राजा को रोकना बहुत जरूरी है। ऐसे में स्वर्णदेश के बच्चे जिन राजाओं या व्यक्तित्वों के बारे में पढ़ते थे कि वे एक दूसरे के दुश्मन थे, वे अब मिल करके राजा को अपने इलाके से बाहर खदेड़

देने के लिए इकट्ठा हो रहे थे। राजा यह बात नहीं समझ पाया इसलिए मात खा गया। गुप्तमंत्री ने इस बात को समझ लिया इसलिए वह आगे की तैयारियों में लग गया।

जब राजा इतिहास की सुरंगों में जूझ रहा था, उस समय गुप्तमंत्री धन्ना सेठों और मीडिया के साथ चुपचाप बैठकें कर रहा था। बैठक में यही पाया गया कि राजा को थोड़ा पीछे जाकर लौट आना था। थोड़ा आगे-पीछे होने से सत्ता का सन्तुलन और लचीलापन बना रहता है पर राजा ने इस सन्तुलन को ध्वस्त कर दिया है। अगर अब भी ध्यान न दिया गया तो स्वर्णदेश का अस्तित्व ही खतरे में पड़ जाएगा। इसलिए जरूरी है कि धीरे-धीरे गुप्तमंत्री को आगे बढ़ाया जाए। खुद राजा भी सबसे ज्यादा भरोसा गुप्तमंत्री पर करता है और यह बात प्रजा को भी पता ही है। इसलिए तय किया गया कि मीडिया इस बात को ध्यान में रखते हुए गुप्तमंत्री के सिंहासनाभिषेक के लिए सही माहौल तैयार करे।

ऐसा नहीं था कि राजा इन बातों से पूरी तरह से अनजान था। गुप्तमंत्री और धन्ना सेठों को वह हमेशा सन्देह की निगाह से देखता था। अतीत के दाग-धब्बों को साफ-सुथरा करने की बात उसने शुरू ही इसलिए की थी कि उसे लगता था कि इतिहास की यह जंग अगर वह जीत गया तो उसका राजमुकुट स्थायी हो जाएगा। शुरुआती असमंजस और परेशानियों के बावजूद जो जनसमर्थन उसे मिलेगा, उसके दम पर वह धन्ना सेठों और गुप्तमंत्री जैसों को कठपुतली की तरह नचाएगा। कुछ दूसरे गुप्तमंत्री भी उसकी निगाह में थे पर यह तो बाद की बात थी। अभी तो उसे यह जंग किसी भी तरह से जीतनी थी और स्वर्णदेश के अतीत में अपना नाम सुनहरे अक्षरों में लिख देना था।

पर यह नहीं हो पाया। एक दिन जब वह ऐसी ही किसी सुरंग में अतीत के सैनिकों से घायल होकर भाग रहा था, उसने देखा कि सामने से गुप्तमंत्री और धन्ना सेठ लोग चले आ रहे हैं। अपने भीतर के तमाम सन्देहों के बावजूद वह खुश हो गया कि वे लोग उसकी मदद के लिए आए हैं। वह रुक गया और दुश्मनों को ललकारने लगा। गुप्तमंत्री को

राजा पर बहुत लाड़ आया। वह अपने अंगवस्त्रों से ही राजा के शरीर पर बह रहे खून और पसीने को साफ करने लगा। अभिभूत होकर राजा उसे गुदगुदाने ही वाला था कि गुप्तमंत्री ने कहा, 'हे महामहिम, हम सब आपकी इस लड़ाई का समर्थन करते हैं। आप निश्चय ही यह लड़ाई जीत लेंगे पर इसके लिए जरूरी है कि आपको राजमुकुट की चिन्ता से मुक्त कर दिया जाए।'

राजा को समझते हुए देर न लगी कि अब उसका खेल खत्म होने जा रहा है।

इसके बाद गुप्तमंत्री ने राजा के सीने से लगकर कहा, 'वर्तमान और अतीत की निरन्तर आवाजाही में भी आपकी अपार ऊर्जा नष्ट हो रही है इसलिए जरूरी है कि आपको पूरी तरह से अतीत में भेज दिया जाए ताकि आप उन सारी लड़ाइयों को वहीं पर रहते हुए लड़ और जीत सकें।' यह कहते हुए गुप्तमंत्री ने धन्ना सेठों की तरफ इशारा किया और एक साथ बहुत सारे खंजर राजा की पीठ में जा घुसे।

राजा के मुँह से चीख तक नहीं निकल पाई क्योंकि राजा के होंठ गुप्तमंत्री के होंठों की कैद में थे जिन्हें वह बहुत प्यार से चुभला रहा था। यह आखिरी बार था कि जब वह प्राणों से भी प्यारे अपने राजा से गले मिल रहा था। इस मौके पर अपने प्यार और समर्पण में वह कोई कमी नहीं रखना चाहता था।

उधर प्रजा अपनी ही भूलभुलैया में इस कदर फँसी हुई थी कि उसे इस महान सत्ता-परिवर्तन के बारे में सीधे मीडिया से ही सूचना मिली। उसका काम ताली बजाना था, उसने यह काम बहुत जोरों के साथ किया। तालियों के इस गगनभेदी शोर में प्रजा के बीच से ही उठ रही वे आवाजें कुछ समय के लिए छिप गईं जो अभी भी भविष्य की बातें करती थीं और इसके लिए शब्दों की तस्करी तक में लगी हुई थीं।